社会科学基础

主　编　陆向荣
副主编　黄丽娥

华东师范大学出版社
·上海·

图书在版编目(CIP)数据

社会科学基础/陆向荣主编.—上海:华东师范大学出版社,2014.4
ISBN 978-7-5675-2034-9

Ⅰ.①社… Ⅱ.①陆… Ⅲ.①社会科学-高等职业教育-教材 Ⅳ.①C43

中国版本图书馆 CIP 数据核字(2014)第 085439 号

社会科学基础

主　　编	陆向荣
项目编辑	王瑞安
审读编辑	王瑞安
责任校对	赖芳斌
封面设计	陆　弦
封面作品	殷晓倩

出版发行	华东师范大学出版社
社　　址	上海市中山北路 3663 号　邮编 200062
网　　址	www.ecnupress.com.cn
电　　话	021-60821666　行政传真 021-62572105
客服电话	021-62865537　门市(邮购)电话 021-62869887
地　　址	上海市中山北路 3663 号华东师范大学校内先锋路口
网　　店	http://hdsdcbs.tmall.com

印刷者	常熟市文化印刷有限公司
开　本	890×1240　16 开
印　张	9.75
字　数	304 千字
版　次	2015 年 6 月第 1 版
印　次	2022 年 12 月第 12 次
书　号	ISBN 978-7-5675-2034-9/G·7339
定　价	26.80 元

出版人　王　焰

(如发现本版图书有印订质量问题,请寄回本社客服中心调换或电话 021-62865537 联系)

序　言

《国家中长期教育改革和发展规划纲要(2010—2020年)》(以下简称《纲要》)明确指出了我国未来中长期学前教育发展的战略方向是"基本普及学前教育",到2020年全国要实现基本普及学前教育。这在我国学前教育发展史上具有里程碑的突破性意义。各地雷厉风行、大力发展学前教育,有力地促进了各地学前教育事业的发展。而我国学前教育之大普及、大发展,应该是有意义的普及和有质量的发展,是必须以有高水平的学前教师作为基础和保障的。因此,努力促进幼儿园教师专业发展,构建有效的培养和支持体系,实现幼儿园教师培养的专业化和优质化是实践《纲要》的关键。这也就要求我们要重视通过通识教育提高学生的人文素养和文化内涵。为此,我们借鉴当前课程改革的新理念,将学材与教材科学结合、将思考问题与探究活动综合,编写了《社会科学基础》一书。

《社会科学基础》精选了适应时代需求和符合学前教育专业特点要求的社会科学基础知识,强调时代性、科学性、思想性、应用性、基础性,增强所学知识与生活实际、工作实践和社会发展的联系,删繁就简,提高学生应用知识分析、解决问题的能力。

本书主要包含:人类与社会科学、人类社会政治史和经济史、人文地理等内容,针对学前教育专业特点安排教材和学材内容,做到图文并茂,在基础知识的引入、文字的表述上注重贴近学生及其学习环境,注重学习兴趣的培养和能力的提高,强调正确的情感、态度、价值观的培养。

本书共分为11章,每章按课时体例编写,全书共88课时,具体课时安排见下表:

章	一	二	三	四	五	六	七	八	九	十	十一	活动	合计
课时	4	8	10	12	8	8	8	6	10	4	6	4	88

《社会科学基础》由陆向荣任主编,黄丽娥任副主编。编写组由陆向荣、黄丽娥、卢卫、卢旖旎、黄艳兰组成。

学前教育专业社会科学基础知识课程的教材建设是一项难度大且富有挑战性的工作。由于作者水平有限,肯定存在不尽完善之处,恳请广大师生在教学的使用中提出宝贵意见,使本书在今后的修订中逐步得到完善。

陆向荣
2014年4月

目 录

第一章　人与社会科学 / 1

　　第一节　社会科学的概念、研究对象和作用 / 1
　　第二节　高等职业学校的学生应学好社会科学知识 / 3
　　第三节　社会科学与人生的价值 / 4

第二章　政治制度史 / 6

　　第一节　中国古代—近代的政治变革 / 6
　　第二节　西方的政治变革 / 13
　　第三节　从科学社会主义理论到社会主义制度的伟大实践 / 15

第三章　经济发展史 / 18

　　第一节　中国经济发展 / 18
　　第二节　西方国家经济发展 / 28
　　第三节　世界经济全球化趋势 / 34

第四章　思想文化史 / 36

　　第一节　中国思想文化的演变 / 36
　　第二节　中国的科学技术与文学艺术 / 54
　　第三节　世界思想文化、科学技术及文学艺术的发展 / 67

第五章　对外交往 / 76

　　第一节　中国古代至近代的对外关系 / 76
　　第二节　现代中国的外交关系 / 81
　　第三节　第二次世界大战后的国际关系 / 83

第六章　人口、种族和宗教 / 88

　　第一节　世界的人种、语言和宗教 / 88

第二节 人口的增长 / 89
第三节 人口的合理容量 / 92
第四节 人口问题 / 93

第七章 人类生产活动和地理环境 / 98

第一节 中国的工业生产 / 98
第二节 中国农业生产 / 106

第八章 人类活动地域联系的主要方式 / 114

第一节 人类联系的主要方式 / 114
第二节 交通运输 / 114
第三节 国际贸易与金融 / 118

第九章 城市和城市化 / 120

第一节 城市的起源和发展 / 120
第二节 城市区位与城市空间布局 / 121
第三节 城市化进程和城市问题 / 124
第四节 我国的城镇化道路 / 129

第十章 旅游活动 / 132

第一节 旅游和旅游业 / 132
第二节 我国的旅游资源和旅游分区 / 135

第十一章 人类与地理的协调发展 / 138

第一节 人地关系思想的演变 / 138
第二节 全球性环境问题 / 141
第三节 协调人地关系——可持续发展实践 / 142

参考文献 / 148

第一章

人与社会科学

人类在征服世界的过程中,越来越认识到其实人类最难征服的是自己。当地球上的万事万物都臣服于人类脚下的时候,人类才发现:太多悲剧的产生是由于人类并不了解自己,不了解自己在宇宙中的地位。所以,在人类继续将探索的触角伸向更远的太空的同时,也开始更多地关注其自身的发展。

社会科学在人的生活中起着巨大的推动作用,可以使人更好地认识社会和自己。作为一名21世纪高素质公民,更应该了解社会科学知识,把社会科学知识运用到日常生活中。

第一节 社会科学的概念、研究对象和作用

一、社会科学的概念

关于社会科学的概念,目前来说有许多不同的定义方式和定义内容,我们在此不作讨论。这里所说的社会科学,就是从整体上探求社会的起源、演变、范畴、本质及其发展规律的科学。社会是人的社会,离开了"人"无所谓"社会",在这个意义上有些学者把社会科学称之为"研究人的学问"。因此,"社会科学"当然包括人文科学。

马克思说:"人的本质不是单个人所固有的抽象物,在其现实性上,它是一切社会关系的总和。"

马克思还说:"正像社会本身生产作为人的人一样,人也生产社会。"

要研究人,要客观地认识人的本质,要研究社会,要客观地认识社会的本质并把握其规律性,就必须完整地把握人与社会的关系,必须通过人的社会实践去认识社会。

> **知识链接**
>
> 卡尔·马克思(图1-1),全世界无产阶级的伟大导师、科学社会主义的创始人,伟大的政治家、哲学家、经济学家、革命理论家、社会学家、革命家,社会学三巨头之一。

图1-1 马克思

二、社会科学的研究对象

社会科学是人类知识体系中一个庞大的、有众多学科的知识群,这些学科从不同的角度对复杂的社会现象

加以研究,因而社会科学研究的对象领域是极其广阔的。社会科学在人类的生活中起着巨大的推动作用,可以使人类更好地认识社会和自己。社会科学以人类社会为研究对象,这是一个极其复杂的研究对象。具体内容分述如下:

第一,阐明社会各种现象和关系的本质。社会现象包括人类的经济、政治、法律、道德、文化等活动。人的一切的活动都是有目的、有意识的,而目的、意识的产生又受到社会的物质生产方式的制约。社会科学研究人的一切活动以及社会物质生产方式对各种社会活动的决定作用,从而揭示社会现象的本质。

第二,揭示社会各种现象发生发展的规律。各种社会现象的发生都不是偶然的,都有其经济的、社会的、文化历史的和人类心理的原因。社会科学研究各种社会现象发生的原因,不但要研究经济的决定作用,而且要具体地探讨各种社会现象发生的特殊原因。如历史学,是通过对某一国家的具体历史事实的研究,来说明该国兴衰存亡的原因。

第三,探索社会活动的特殊形式——文化、科学活动。文化是人类活动的方式,表现着人类社会所达到的历史发展水平。文化是人类社会的特征,既表现了人的创造本能的发挥,又表现为处于不同社会发展阶段、一定社会经济形态和民族形态人类活动的具体历史形式。

第四,研究社会中的自身状况。人既是社会科学研究的对象,又是社会科学的研究者。一切的社会活动都有人参加,人的活动、人的意识、人的心理、人的个性在社会活动中起着重要作用。所以,对人的研究也成为社会科学的一个重要内容。

知识链接

社会科学是相对于自然科学来说的,其包括政治学、经济学、管理学、法学、社会学、心理学、教育学、伦理学、文学、美学、艺术学、逻辑学、语言学、史学、军事学、人类学、考古学、民俗学、新闻学、传播学等。

中高职阶段社会科学科目包括政治(政治,经济,文化,哲学,法律等),历史(政治史,经济史,文化史等),地理(特指人文地理部分)。

三、社会科学的作用

人类对社会认识的积累已形成先进的社会科学理论,并正在转化为巨大的物质力量去改造社会。社会科学在社会生活中的作用日趋明显,不可忽视。

第一,社会科学对促进物质和精神生产的作用。社会科学的不断进步表明,其在认识社会的规律方面有着重要的作用。经济学揭示了人类物质生产、交换、分配和消费等经济活动的规律,促进了大工业生产的有序进行,创造了惊人的财富;教育科学为现代生产领域培养了大批的技术力量;心理学揭示了人的心理、意识、行为等活动规律,探讨了个性心理特征,为科学、文化的发展,为人际关系的正常进行提供了理论基础。可以说,社会物质生产和精神生活的各个重要环节都离不开社会科学。

第二,社会科学在确立人的价值观上的作用。价值观是随着社会发展或历史进程而演变的,不同时期、不同社会集团具有不同的价值观,但并非所有的价值观都符合社会发展规律,都具有进步意义。社会科学则在正确的理论指导下,确立符合社会发展规律和长远利益的价值标准。人们的行为准则、道德规范、审美情趣等都要受到价值观的调节。

第三,社会科学在国家决策中的作用。随着科学技术和社会经济的迅速发展,国家决策的重要性日益明显。社会科学对保证决策的正确性具有非常重要的作用。如人口问题、资源问题、经济问题,都是当今社会面临的重大问题之一,不同国家做出不同的相应对策,而这些对策的制定都离不开社会科学的正确指导。

第四,社会科学在促进人的自我完善方面的作用。人在改造客观世界的同时也要不断地改造自己的主观世界，即人的自我完善。它包括了人的认识能力、实践能力、审美能力、道德评价能力等方面。社会科学可以帮助人们在这些方面得到提高。如马克思主义哲学可以帮助人们树立正确的世界观、价值观；美学可以陶冶人的审美情趣，使人志趣高尚；伦理学则可以提高人们的道德修养，培养高尚的情操。

知识链接

社会科学作为一种公共理性和公共精神，其社会意义主要体现在三个方面：

第一，社会科学是现代社会民主和科学决策的信息、知识和智能基础。

第二，经济学、社会学、政治学以及其他社会科学学科和知识体系，都参与或正在塑造着现代的社会生活。

第三，作为一种现代性的社会建制，社会科学不仅仅是一种学科、一种知识，而且也是一种信念和精神，是一种文化。

想一想，议一议

你喜欢自然科学还是社会科学？为什么？

第二节 高等职业学校的学生应学好社会科学知识

高等职业学校培养的目标是："高等职业学校毕业生应具有科学的世界观、人生观和爱国主义、集体主义、社会主义思想以及良好的职业道德和行为规范；具有基本的科学文化素养，掌握必需的文化基础知识、专业知识和比较熟悉的职业技能；具有继续学习的能力和适应职业变化的能力；具有创新精神和实践能力、立业创业能力；具有健康的身体和心理；具有基本的欣赏美和创造美的能力。"为达到这个目标，学生必须在接受专业知识与技能的同时，自觉接受社会科学基础知识的教育，这既是高等职业学校的学生应具备的素质，也是对一名21世纪高素质公民的基本要求。

一、高等职业学校的学生应如何学好社会科学知识

第一，明确学习目的，端正学习态度。学习社会科学基础知识，不是为了在人前炫耀，而是为了适应未来社会及生活的需要。所以高等职业学校的学生不能仅仅停留在了解或积累知识的层面上，应该加强自己的文化修养，塑造高尚的品格。

第二，联系实际进行学习。要联系祖国的历史、社会现状、未来社会发展要求、个人素质和所学其他各门课程去全面认识和深入领会社会科学所涉及的知识，使所学知识融会贯通，互为补充，使自己站得更高，认识更具前瞻性和全局性。

第三，课内课外相结合。社会科学是一个庞大的知识体系，除课堂学习外，还要广泛参加各类社会实践活动，阅读各类书籍，接触社会和自然，要在学习和实践中不断扩充自己的学识，增强自己的才干。

第四，身体力行。学习社会科学知识，贵在实践，特别是学习人文社会知识，在道德修养和道德行为方面，应注意从自身做起和从现在做起，培养自己完美的理想人格，塑造自身良好的形象。

> **知识链接** 道德修养的名言警句
>
> 历史使人明智,诗歌使人灵秀,数学使人周密,哲学使人深刻,伦理学使人庄重,逻辑修辞学使人善辩。——培根
>
> 使一个人伟大,并不在富裕和门第,而在于可贵的行为和高尚的品行。——奥维
>
> 道德经常能填补聪明的缺陷,而聪明却永远填补不了道德的缺陷。——但丁
>
> 一个人在讲述别人的品格时最能暴露出他自己的品格。——里克特

二、幼教专业的学生学习社会科学的必要性和重要性

21世纪是知识经济时代。知识经济的发展不仅需要自然科学技术,还需要社会科学的有力支持。仅仅具有某种专业知识能力的单一型职业人,已经不能满足社会对人才的要求。新世纪需求的人才是具有最宽泛的、可变通的职业能力和具有远大理想、优良品德、强烈的进取精神与创新意识,并能与自然、社会和他人和谐相处的人。

必要性。幼教专业的学生是未来的幼儿教师,幼儿教育是基础教育的重要组成部分,是学校教育至终身教育的起始阶段。幼儿教育应为幼儿的近期和终身发展奠定良好的素质基础,这一要求使得幼儿教育的内容应是广泛的、启蒙性的,所涉及的内容有健康、社会、科学、语言、艺术等五个方面。幼儿教育的目标和特点决定了幼教专业的学生学习社会科学的必要性。

重要性。幼教专业的学生只有通过社会科学基础知识的学习和实践,不断培养自身的人文精神,才能够使自己更好地胜任幼教工作。如,学生可以从历代思想家的著作和文学作品中去领悟做人的道理,从历史更替中领悟社会发展的规律,从人与自然的关系中解读以追求真理为核心的科学精神,从人类发展进程中遇到的各种问题感悟到可持续发展的理念。总之,幼教专业的学生在接受职业教育的同时,不仅要使自己获得一定的职业技能,还应该使自己具有健全的人格,懂得做人的原则和做人的尊严,懂得如何正确对待自己,对待社会,对待自然。

第三节 社会科学与人生的价值

生命对每一个人来说只有一次,在这短短的一生中,每个人只有清醒地认识自己、认识他人、认识世界,从而更好地塑造自己的人生,才能成为"一个高尚的人,一个纯粹的人,一个有道德的人,一个脱离了低级趣味的人,一个有益于人民的人"。

一、人生的目的与意义

人生就是人们改造自然、改造社会同时也改造和发展自身的生命历程。人生观是对人生一系列问题的基本看法和观点。它是世界观在人生问题上的具体表现。由于人们的社会生活条件不同,生活经历不同,特别是由于人们的阶级地位不同,政治地位不同,形成了各种不同的人生观。人生观的内容很多,但主要有人生目的、人生态度和人生价值三个方面,这三个方面通俗来讲就是"人为什么活着"、"人活着有什么意义"和"人应该怎样活着"。

所谓人生目的是指人们在社会生活实践中对活动或行为的对象性的自觉意识,是人们自己的人生追求的目标,是人们为改造客观世界所要得到的结果。人生目的决定着人生的根本方向、根本态度和人生价值的实现,因此,对人的一生是至关重要的。正确的、积极的人生目的能够使人积极地直面人生、能够使人经得起各种考验和磨难,最终树立起科学的人生观。

所谓人生态度是指人们在一定的社会环境的影响和教育引导下,通过生活实践和自身体验所形成的对人生问题的一种稳定的心理倾向和基本看法。一般是指人对种种现象(人、物、事、制度、观念等)的一定的评价和行为倾向,是认识、情感、意向的有机统一体,是一种相对稳定的心理态势。它是人生观在现实生活中的具体体现,是人们对学习、工作、友谊、家庭、生活等各种具体态度的更高层次上的概括,是对人生一系列基本问题的总的根本回答和态度。

所谓人生价值是指人对社会作出的贡献和社会对他的评价和认可,是人生对满足社会、他人和自身需要所具有的意义。人生价值包含了多方面的内容,最基本的是两个方面:一是人生对他人和社会的价值,即社会价值;二是人生对自我的价值,即自我价值。

爱因斯坦(图1-2)说:"一个人的价值,应当看他的贡献是什么,而不是看他取得什么。"他强调了人对社会的贡献,即社会价值。雷锋认为,人生是有限的,为人民服务则是无限的,要把有限的生命投入到无限的为人民服务之中去。这种把为人民服务作为人生的最高价值,正是至高无上的自我价值的体现。

图1-2 爱因斯坦

二、如何实现人生的价值

在社会主义社会中,要实现人生的价值,必须做到以下几点:

第一,要确立正确的人生价值目标。人生的价值目标对个人与社会都起着重要的作用,崇高的价值目标是追求人生价值的精神动力,能鼓舞人们不屈不挠、奋勇前进去实现人生价值。

第二,掌握科学文化知识、提高人的素质,是创造人生价值的必要手段。

第三,建设高度的社会主义物质文明和精神文明,是实现人的价值的根本条件。物质文明是精神文明的基础,精神文明是重视和提高人的价值的具体体现。因此,尊重人的权利和履行人的义务,如实评价个人对社会的责任和贡献,是正确地理解个人价值和社会价值关系的必要前提。

知识链接

《狂人日记》是鲁迅的一篇短篇作品,收录在鲁迅的短篇小说集《呐喊》中。它也是中国第一部现代白话文小说,首发于1918年5月15日4卷5号《新青年》月刊。内容大致上是以一个"狂人"的所见所闻透露出中国文化的朽坏。

讨论题

作为新时代的中(高)职学生应该树立怎样的人生观?说说你的理由。

活动题

结合自己和同学的实际情况,说一说在学习中人生态度的重要性。

第二章

政治制度史

第一节 中国古代—近代的政治变革

一、中国古代的政治制度

（一）夏商周的政治制度

夏朝的政治制度 大约公元前21世纪，诞生了历史上第一个王朝——夏朝，它的建立者是大禹的儿子启。夏朝设立监狱，拥有武装力量，制定了刑法。我国早期的国家政治制度开始于夏朝，夏朝实行了王位世袭制度，原始社会后期的禅让制退出了历史的舞台。

商朝的政治制度 商朝继承了夏朝的政治制度，并在一定程度上修改了它。商朝有从中央到地方的行政管理制度，中央设有相、卿、士，地方设有侯、伯。

周朝的政治制度 周武王伐纣灭商，建立西周。西周实行分封制。为了保卫王室统治，周武王将一部分的土地及人民，划分给王族、功臣和以前的贵族，让他们建立诸侯国。其根本目的在于巩固周王朝的统治。

西周实行宗法制度，它是由原始社会的父系家长制演变而来，它的最大核心是嫡长子继承制，宗法制在政治制度方面的体现就是分封制。由天子到诸侯到卿大夫再到士（最底层），层层分封。宗法制保证了贵族在政治上的垄断和特权地位，也有利于统治集团内部的稳定和团结。而分封的诸侯有镇守疆土、随从作战、交纳贡赋和朝觐述职的义务。分封制加强了周天子对地方的统治，扩大了统治区域，形成了贵族统治阶级内部的森严等级。西周后期，由于诸侯势力壮大，王权逐渐衰微，直到秦朝统一六国后，分封制才退出历史舞台。

图 2-1 秦始皇嬴政

（二）秦朝中央集权制度的形成

在公元前230年至公元前221年，秦国吸纳外来人才，革新军事，进行了商鞅变法，逐渐成为综合国力最强的国家，先后吞并韩、赵、魏、楚、燕、齐，成为统一的多民族国家。秦朝疆域，东临大海，西达陇西，南抵南海，北至长城。

秦朝创立了中央集权制度：一、确立了至高无上的皇权。嬴政（图2-1）规定封建最高统治者为"皇帝"，自称"始皇帝"。全国的行政、经济、军事等一切大权由皇帝总揽，中央和地方的主要官员，都由皇帝任免。二、建立较为完备的从中央到地方的官制。中央设三公九卿，地方推行郡县制。三、颁布全国通用的秦律，统一度量衡、货币和文字。

（三）从汉至元政治制度的演变

中央集权发展 两汉时期，政治、经济、文化得到发展。这时期的中央政治制度大体上继承了秦朝制度，史称"汉承秦制"。两汉统治者在继承秦朝制度的同时又有所改进，废除了秦朝一些严苛的法律，有助于中央集权的发展。汉朝实行皇帝制度，在中央设置丞相、御史大夫和太尉,称为"三公"。汉武帝时,西汉的综合国力进入全盛时期。

西汉汉武帝时改革官制,颁布"推恩令",瓦解王国,这一举措使中央集权强化;汉武帝重视官吏的选拔和任用,不拘一格选拔人才,用布衣为相,用身边侍从、秘书为尚书令等形成"中朝",用三公九卿的机构称"外朝"。

曹魏政权创立了九品中正制,西晋政府颁布了新的田税制度,社会稳定,经济得到了一定程度的发展。在魏晋南北朝时期,形成尚书省、中书省、门下省三省体制。

公元581年,杨坚称帝,史称"隋文帝"。隋朝以尚书省、内史省、门下省为中央最高统治机构。公元618年,李渊称帝,建立唐朝,唐太宗完善了三省六部制。唐朝三省分工明确,相权一分为三,尚书省下设吏、户、礼、兵、刑、工六部,皇权得到巩固。唐太宗发展了自隋创立的科举制度,国力逐渐增强。公元755年,节度使安禄山在范阳叛乱,开始了长达八年的战争,史称"安史之乱"。从此之后一百多年中,藩镇节度使拥兵自重,藩镇割据,使得唐朝的中央集权大大削弱。

五代十国时期,周世宗柴荣采取有效措施,政治上选用人才,严惩贪官污吏,控制藩镇势力,进一步加强中央集权。

宋初,为了巩固统治,宋太祖赵匡胤采取了一系列措施加强中央集权:用"杯酒释兵权"将军权牢牢把握在皇帝手中;削弱相权,加强皇权;地方财政划归朝廷三司使管理;大量起用文臣,防止武将专权。

元朝综合汉蒙政治制度,在中央设中书省、枢密院、御史台。中书省为最高行政机关,负责全国的行政事务;以枢密院为最高军事机关;御史台为监察机构。(表2-1)

表2-1 中央集权制度的发展

朝代	加强地方统治的措施	演变特点
西汉	汉初郡国二制并存;景帝削弱王国势力;武帝颁布"推恩令",解决王国问题	中央对地方的控制逐渐加强; 中央集权不断发展
唐朝	唐中期在地方设节度使,安史之乱后形成藩镇割据局面	
北宋	将兵权收归中央,充实禁军;派文臣做知州,设通判负责监督;中央掌控地方财政	
元朝	实行行省制度;行省之下设路、府、州、县;边远地区设宣慰司	

汉武帝实行推恩令来瓦解王国

"推恩令"——汉武帝采纳主父偃的建议实行"推恩令",规定:诸侯王死后,除嫡长子继承王位外,其他子弟可分割王国的一部分土地成为列侯,由郡守统辖。结果王国越分越小力量削弱。

图2-2 唐朝河西节度使张议潮统军出行图

图2-3 北宋时代文官出行图

唐朝中后期地方节度使权力很大,形成藩镇割据的局面。(图2-2)

宋代加强中央集权,为防止武人割据,重视文臣。(图2-3)

地方管理制度演变 汉初继承了战国和秦朝实行的郡县制,同时分封诸侯国,使郡县制和分封制两制并存,相互补充。郡守和丞相分别是郡和王国的最高行政长官。

在汉武帝时,解除了王国的军政权力,首次将全国分为十三个州,每个州都作为监察区,并且设立刺史。

到了东汉时期,刺史的权力进一步增强,增添了地方行政权及军权。到东汉末年,监察区逐渐变成了地方行政区。地方行政区划由秦时的郡县两级制变成了州、郡、县三级,这样的划分有利于统治者的管理,并对后世产生了深远的影响。

隋初,地方行政机构层叠臃肿,且官多民少。为了便于管理,革新旧制,隋文帝废除州、郡、县中的郡级,形成了州县两级制,一定程度上有利于隋初的政治改革。

唐初的地方行政机构大体沿用了隋朝的定制,后来唐太宗又将全国分为十道,作为监察区;唐肃宗将道的监察长官改为观察使,道逐渐成为州县之上的行政实体。

北宋初年,宋太祖为了加强中央集权,削减地方节度使权力及军权,大多派文臣做地方官。宋朝地方政权分为州县两级,又将唐朝的"道"改为"路",在州县之上。

元朝在地方设中书省,也称行省,加强了中央对地方的管辖,行省制度对后世影响很大。

图2-4 赵匡胤　　图2-5 赵普

宋太祖(图2-4)问:

"天下自唐季以来,数十年间,帝王凡易八姓,战斗不息,生民涂炭,其故何也?"

宰相赵普(图2-5)回答:

"此非他故,方镇太重,君弱臣强而已。今所以治之,亦无他奇巧,惟稍夺其权,制其钱谷,收其精兵,则天下自安矣。"

(四)明清君主专制的加强

阅读材料:
两汉时期,皇帝对丞相待之以礼。丞相谒见皇帝时,皇帝起立,赐丞相座。丞相生病了,皇帝还要亲自前去探视。

隋唐时期的官员上朝奏事也均有座。

到了宋朝,这种情形发生了变化。据说,有一天,宰相范质等人坐着向宋太祖奏事,宋太祖借口眼睛昏花看不清,让他们站到自己面前,指给他看。待范质等人回到原处,座位已被撤掉。从此,宰相大臣就只能站在皇帝面前议事了。

明代自朱元璋起,明文规定"大朝仪"须"众官皆跪"。

清朝的官僚上朝跪地时间特别长,以至于大臣们都准备有特别的护膝。

明朝废丞相 元朝初年,丞相权势威胁到皇权的存在,丞相直接瓜分皇权,成为威胁皇权的劲敌。在明朝初年,丞相胡惟庸谋反,直接动摇了皇权的根基。后来明太祖朱元璋废除行中书省,设立布政司、都指挥司和按察司,分管地方的行政、军政和监察,合称"三司"。宰相制度从此被废除。明朝的各职能部门互相牵制,君主专制达到了新的高度,皇权稳固,天下太平。

明朝创内阁 在明太祖废除丞相后,设立了殿阁大学士充当皇帝顾问;明成祖时选拔翰林院官员随侍皇帝,并参与机密事务决策,此时内阁出现,后来内阁取得票拟权,地位超过六部。内阁拥有了为皇帝批答奏章的票拟权,皇帝审定后,司礼太监用朱笔抄出,交付施用。内阁是君主专制强化的产物,不能对皇权起制约作用。明朝末年,由于明朝皇帝长期不上朝,要么形成太监乱政,要么大权尽归内阁,六部变成内阁的下属机构。(表2-2)

表2-2 宰相与内阁首辅的区别

	宰相	内阁首辅
权力来源	宰相制度赋予	皇帝个人信任
职责	协助皇帝处理政务	咨询为主
任免	要经皇帝及大臣商议	直接由皇帝意愿决定
对皇权影响	制约皇权	君主专制强化的产物

清朝设军机处 清朝初年的中央机构有内阁、六部、议政王大臣会议。到了康熙,他设置南书房,内阁、议政王大臣会议、南书房三足鼎立,以南书房牵制议政王大臣会议。

雍正帝裁撤议政王大臣会议,设军机处、军机大臣。军机处机构简单,有官无吏;军机大臣品级不高,其任命完全出于皇帝的意志;完全按皇帝旨意行事,保密性好,跪受笔录,传达执行,办事效率高。大大提高了行政效率,加强了皇权,使君主专制达到了顶峰。皇帝既是最高立法者,又是最高行政长官和最高司法者,不受约束和监督。(图2-6)

阅读材料：

图 2-6 军机处

雍正年间，用兵西北，以内阁在太和门外……虑漏泄事机，始设军需房于隆宗门内，选内阁中书之谨密者入直(值)缮写。后名军机处，地近宫廷，便于宣召。为军机大臣者皆亲臣、重臣，于是承旨、出政皆在于此矣。

——赵翼《檐曝杂记》

二、中国近代的民主革命

知识链接

近代中国民主革命 { 旧民主主义革命（1840—1919） { 农民阶级——太平天国革命 / 资产阶级——辛亥革命 } / 新民主主义革命（1919—1949）：无产阶级——新民主主义革命 }

太平天国革命　1843年，洪秀全创立拜上帝会，根据"只拜上帝，不信邪神"的教义，推崇人人平等，号召教众创建"天下一家，共享太平"的天国。至此，太平天国革命轰轰烈烈地展开了。

1853年春，太平军在天京（即现在南京）建立了与清政府对峙的政权，定都天京。太平天国颁布革命纲领《天朝田亩制度》（图2-7），目的是建立起"有田同耕，有钱同使，无处不平均，无人不饱暖"的社会。它是太平天国的建国纲领，突出反映了农民阶级要求废除封建土地所有制的愿望，是农民反封建斗争的思想结晶，极大地调动了农民反封建的积极性。

图 2-7　《天朝田亩制度》书影　　图 2-8　《资政新篇》书影

为了振兴太平天国，太平天国颁布了《资政新篇》(图2-8)，在政治上主张中央集权，反对结党营私，提倡广开言路。这是先进的中国人最早提出的带有资本主义色彩的一个改革方案，集中反映了当时中国人向西方寻求真理和探索救国救民道路的迫切愿望。

太平天国运动是一场反抗封建统治的农民革命运动，此次运动在中外势力联合绞杀下失败。这说明农民阶级作为小生产的代表，缺乏科学理论武器的指导，承担不起领导中国民主革命的重任。

辛亥革命 1905年，中国同盟会在日本东京成立，孙中山提出以"驱除鞑虏，恢复中华，创立民国，平均地权"为政治纲领，创办《民报》。它的成立标志着中国资产阶级革命进入了一个新阶段。

同盟会的革命纲领为"三民主义"，即"民族"、"民权"、"民生"。其目标是推翻清政府统治，建立资产阶级共和国。1912年1月1日，中华民国临时政府在南京成立，并颁布了具有资产阶级共和国宪法性质的《中华民国临时约法》。

1912年2月，宣统皇帝退位标志着清朝统治至此结束。辛亥革命推翻了君主专制政体，建立了资产阶级共和国，使民主共和观念深入人心，它是中国政治民主化的一次重要尝试，但它的胜利果实被袁世凯窃取，资产阶级革命派为维护辛亥革命的成果，先后进行了二次革命和护国运动等斗争，结果都失败了。

辛亥革命是一场推翻君主专制统治的资产阶级革命运动，但中国半殖民地半封建社会的性质仍没有彻底改变。

五四运动 1919年5月4日，北京大学等十几所学校的学生走上街头，高声号召人民奋起救国，五四运动拉开序幕。北洋政府迫于形势，释放了被捕学生，并罢免了曹汝霖、章宗祥、陆宗舆的职务，中国代表团最终也没有在巴黎和会的"合约"上签字。

五四运动是中国近代史上最早由学生、工人、市民掀起的彻底的不妥协的反帝反封建的革命斗争。它扩大了十月革命的影响，促进了马克思主义在中国的传播，极大地提高了中国人民的觉悟，促进了思想的解放。运动后，革命知识分子深入工人群众中宣传马克思主义，开始把马克思主义同工人运动相结合，为中国共产党的成立奠定了思想基础和阶级基础。

五四运动是中国新民主主义革命的开端，它揭露了帝国主义的侵略本质和北洋军阀政府反动卖国本质。

中国共产党的成立 1921年7月23日，中国共产党第一次全国代表大会在上海的法租界望志路举行，标志着中国共产党的成立，这是中国革命划时代的事件。

中国共产党的成立标志着在中国新的领导力量的出现，它是以马克思主义理论为指导思想的党，是区别于第二国际旧式社会改良党的新型工人阶级革命政党。它成立于俄国十月革命取得胜利，第二国际社会民主主义、修正主义遭到破产之后。它是在半殖民地半封建中国的工人运动的基础上产生的。

1922年，中共根据中国国情，提出了民主革命纲领。这是中国共产党在中国人民面前第一次提出了明确的反帝反封建的民主革命纲领，并且明确了中国革命的性质、对象、任务、动力，为中国革命指明了前途。

中国共产党的"二大"制定的民主革命纲领体现了马克思主义普遍真理同半殖民地半封建中国国情的初步结合。

中国共产党成立仅仅28年，就完成了从林则徐到孙中山80年来千千万万中华民族的仁人志士前赴后继想要完成而没有完成的事业——国家的独立，民族的自由。

阅读材料：

长辛店工人劳动补习学校旧址在丰台区长辛店镇内。1920年9月北京共产主义小组成立后，为组织工人运动，邓中夏等深入长辛店铁路工厂发动工人斗争。1921年1月1日在此成立工人劳动补习学校，传播共产主义思想以唤醒工人大众，向资本家及反动统治者进行斗争，这里造就了一大批工人运动的优秀骨干，史文彬就是其中最杰出的代表。

国民大革命运动——中国民主革命力量的蓄积

1924—1927年,国共两党在共产国际的帮助下,为了反对共同的敌人——帝国主义及其走狗北洋军阀的统治,建立民主共和国。

1924年1月中国国民党一大的召开,标志着第一次国共合作的实现,标志着革命统一战线的正式建立。

国民大革命运动是中国近代史上前所未有的人民大革命,基本上推翻了北洋军阀的反动统治;沉重地打击了帝国主义侵略势力。国民大革命运动在中国民主革命进程中的作用:①宣传了中共反帝反封建的革命纲领,扩大了共产党在群众中的影响;②共产党开始掌握了一部分革命武装;③广大群众受到一次革命的洗礼。这些为中国革命继续前进奠定了基础。

表 2-3 新三民主义的内容

新民族主义 (民族革命)	民族解放	提出了反帝口号(联俄)
	民族平等	克服大汉族主义倾向
新民权主义 (政治革命)	原则	为一般平民共有,非少数人私有(联共)
	政权	选举、罢免、创制、复决权 ——直接民权
	治权	立法、行政、司法、考试、监察 ——五权宪法
	程序	军政、训政、宪政时期
新民生主义 (社会革命)	平均地权	征收地价税、耕者有其田
	节制资本	节制私人资本,发达国家资本(扶助农工)

土地革命战争 1927年8月1日,周恩来、贺龙等人率领革命军在南昌起义,这次起义打响了武装反对国民党的第一枪。中国共产党开始了创立军队、独立领导武装斗争和探索革命道路的斗争。

1931年,中国共产党制定出一套完整的土地革命路线,即"依靠贫农、雇农,联合中农,限制富农,保护中小工商业者,消灭地主阶级,变封建半封建的土地所有制为农民土地所有制"。从理论和实践上探索出夺取中国革命胜利的正确道路,即"以农村包围城市,最后夺取城市政权"。这是中国共产党第一次独立自主地运用马克思主义原理解决自己的路线、方针和政策问题,妥善地处理了党内长期存在的矛盾。开始形成了坚强的领导核心。

土地革命是在中国共产党的领导下对中国特色的民主革命道路的有益探索。

人民解放战争 抗日战争胜利以后,中国人民渴望和平民主,但蒋介石坚持独裁内战的方针只是蒋介石为发动内战争取时间的借口和托词。1946年国民党对解放区进行了大规模的进攻。经过三年多时间的斗争,共产党领导的人民武装由防御转为反攻,经过三大战役的大决战,国民党失败,退往台湾。人民解放战争胜利。

人民解放战争的胜利标志着新民主主义革命走向胜利。

第二节　西方的政治变革

知识链接

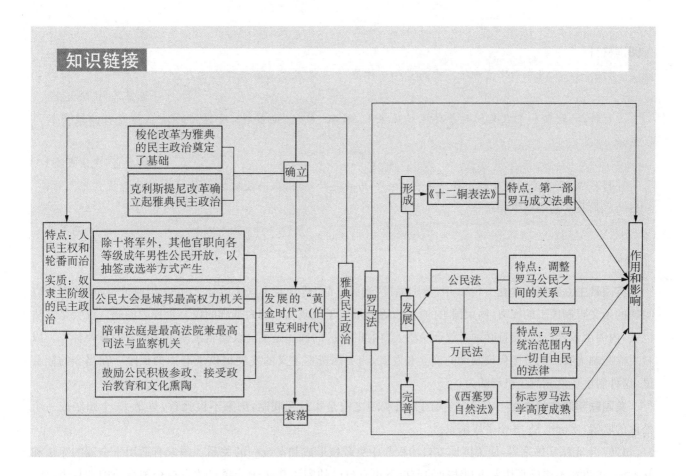

古希腊罗马的政治制度　古希腊地处地中海东部,扼欧、亚、非三洲要冲。古希腊城邦孕育的文明依托海洋,具有开放性、创新性和多元性的风格。希腊城邦的特点是小国寡民,各邦长期独立自治,希腊城邦实行"理性、个体、平等"的公民政治,使城邦公民享有较充分的政治权利。

公元前594年,梭伦当选为执政官,开始民主改革,以缓和社会矛盾。其内容为:颁布"解负令",废除债务奴隶制,制定措施促进工商业的发展;设立"四百人会议"和最高法院等民主机构。

克利斯提尼的改革内容:组成以地域为基础的"五百人会议";制定"陶片放逐法";由10个选区各选一人组成"十将军委员会"。以新的行政选区制度打破了部落贵族势力对政权的控制,雅典国家最终形成。所有公民都有机会参与国家政治事务,标志着雅典民主政治确立(表2-4)。

表2-4　雅典民主政治与中国封建君主专制对比

项目	雅典民主政治	中国封建君主专制
政治基础	城邦政体	大一统帝国
基本特点	人民主权和轮番而治	君主独裁和家族世袭
决策机构或人	公民大会	君主
突出作用	极大地发挥了人的主观能动性和创造力,促成政治、经济、文化的繁荣	权力集中,对广大国土实施了强有力的管理

罗马法的起源与发展　公元前6世纪末至7世纪,古代罗马奴隶制国家制定和实施的全部罗马法律。《十二铜表法》包括民法、刑法和诉讼程序,基本上是过去未成文的习惯法的汇编,它明确维护私有财产权和贵族的既得利益。

这部法典是平民的胜利,这项法律是罗马法的渊源,是罗马的基本法,它的局限性是其根本目的是维护奴隶主的利益。《民法大全》标志着罗马法系最终完成。

> **阅读材料:**
> 　　材料一:"没有东西比皇帝陛下更高贵和更神圣"。皇帝敕令具有法律的效力。
> 　　　　　　　　　　　　　　　　　　　　　　　　　　　　　——古罗马《民法大全》
> 　　材料二:奴隶和隶农必须无条件地服从主人,服从"命运"的安排,对逃亡的奴隶和隶农必须严加惩治。
> 　　　　　　　　　　　　　　　　　　　　　　　　　　　　　——摘编自《民法大全》
> 　　材料三:罗马帝国到处都由罗马法官根据罗马法进行判决,从而使地方上的社会秩序都被宣布无效,因为它们与罗马法制不相符合。
> 　　　　　　　　　　　　　　　　　　　　　　　　　　　　　——马克思

英国君主立宪制的建立　1688年,英国经过"光荣革命"建立君主立宪政体。1689年通过《权利法案》,以明确的条文限制国王的权力,约束国王的行为,逐渐形成了以政党政治为基础的议会责任内阁制。议会是立法机关,内阁由议会产生,而且必须对议会负责。"内阁制度"的确立是英国议会君主制正式形成的重要标志。以君主立宪制为特征的英国代议制度的确立和发展,为英国资本主义的发展提供了有力的保障。在当今的社会里,这种制度仍然充满生机和活力。

美国联邦政府的建立　1787年,美国宪法实施之前是实行邦联制,国家不设元首,只是13个州结成一个松散的联盟,实际上是13个主权国家。

1787年宪法实施之后,使美国地方自治权与中央政权形成和谐统一的关系。国家有适用于全国的宪法和基本法,各州在不违反联邦宪法和法律的前提下也有自己的宪法和法律。联邦政府在全国行使国家权力,如:国防、战争等;同时各州政府对本州的政治经济文化也享有一定的自主权,比如:管理卫生、治安等公共事业和福利事业。

联邦制的实行,既有利于国家的巩固,保障民主,把各州团结成一个国家,又发挥了各地的积极性与创造性。可以说,美国形成了总统制、联邦制与共和制混合的国家制度,共和制是根基,总统制和联邦制受制于共和制。美国建立资产阶级总统共和制,保障了资产阶级的政治和经济利益,促进美国资本主义的发展。

法国共和政体的建立　1875年法国国民议会通过了法兰西第三共和国的宪法,它赋予了总统极大的权力。行政权属总统,总统是国家元首和军队的最高统帅,经众议院同意有权任命内阁,经参议院同意,有权解散众议院。共和体制的最终确立,促进法国资本主义的发展。

德意志帝国的君主立宪制度　1871年,德意志帝国建立。不久宪法颁布,确定了德国君主立宪政体。皇帝掌握国家大权,是国家元首和军队统帅。皇帝有权任免官员,召集和解散座议会和决定对外政策等。宰相主持内阁工作,由皇帝任命而不是由议会选举产生,任期由皇帝决定,只对皇帝负责。议会是立法机构,由联邦议会和帝国议会组成。

联邦议会由各邦的代表组成。帝国议会由成年男子选举产生,作用很小,它通过的法案必须得到联邦议会和皇帝的批准才能生效。宪法还规定德意志帝国是一个联邦制国家,帝国政府掌握了军事、外交等大权,各邦则保留了一些自治权。普鲁士在帝国中占有统治地位,它的国王和宰相,同时又是帝国的皇帝和宰相。

第三节　从科学社会主义理论到社会主义制度的伟大实践

知识链接

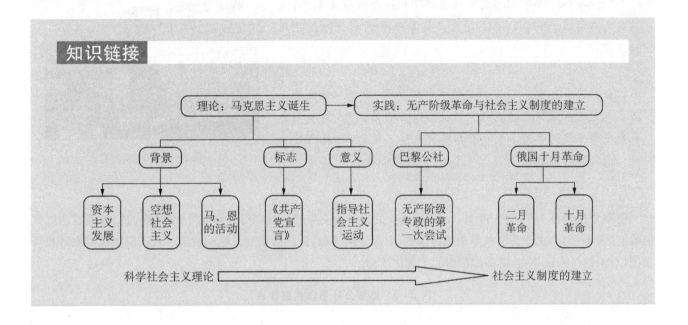

社会主义理论经历了从空想到科学、理论到实践、理想变现实的历程，打破了资本主义一统天下的局面，推动了人类文明的演进。

马克思主义的诞生

19世纪初，工业革命的发展，资本主义制度的种种弊端已日益暴露；19世纪三四十年代欧洲三大工人运动，工人阶级作为独立的力量登上政治舞台。德意志的古典哲学、英国的古典政治经济学和英法的空想社会主义；马克思、恩格斯的革命实践和理论研究已经日趋成熟。

1848年《共产党宣言》（图2-9）的发表，标志着马克思主义的诞生。《共产党宣言》的基本内容：首次阐述了基本原理，阐明了社会发展的客观规律；指出阶级斗争的重要作用，揭示了无产阶级的历史使命；号召全世界无产者联合起来，同资产阶级进行斗争。

图2-9　《共产党宣言》

《共产党宣言》第一次较为完整系统地阐述了马克思主义的基本原理；宣言的发表，标志着马克思主义的诞生；无产阶级进行斗争有了科学理论的指导，社会主义运动更加蓬勃地发展起来。

阅读材料：

材料一："圣西门、傅立叶、欧文等人对于未来理想社会消灭私有财产、消灭剥削、实施共同福利等的美好描述，激发了人们的期待和向往。"

——王青山《社会学概论》

材料二：马克思的学说是人类在19世纪所创造的优秀成果——德国的哲学、英国的政治经济学和法国的社会主义的当然继承者。

——《列宁选集》第2卷

巴黎公社

阅读材料：

"巴黎公社（图2-10）是特殊条件下的一个城市的起义，也就具有自发性、偶然性，并不是生产关系阻碍了生产力发展的结果。"

——马克思

公社战士共有7.29万人在作战中牺牲，2.98万人被枪杀，6万多人被投入监狱或被流放。公社失败后的第二天，曾参加公社街垒保卫战的幸存者——公社委员欧仁·鲍狄埃，在巴黎市郊一所简陋的木屋里，写下了气吞山河的《国际歌》。

图2-10 巴黎公社

巴黎公社是在1871年3月18日（正式成立的日期为同年的3月28日）到5月28日期间短暂地统治巴黎的政府（表2-5）。由于普法战争中法国惨败，引起法国革命，资产阶级建立临时政府。资产阶级政府对外投降卖国，对内镇压人民革命，诸多原因引起了此次革命。

表2-5 巴黎公社革命措施简表

类别		内　　容
政权建设	除旧	废除旧军队、旧警察、旧法庭；取消资产阶级的法庭和议会；宣布政教分离
	布新	设公社委员会为最高权力机关；实行民主集中制；公职人员由民主选举产生，人民有权监督和罢免
经济政策		没收逃亡资本家的工厂交给工人合作社管理；监督铁路运输和军火生产；实行八小时工作制；规定工职人员薪金的最高限额
教育		实行免费义务教育；开办职业学校

由于敌人过于强大，普法联合镇压，巴黎公社仅存在72天就失败了。从主观原因来看，此次斗争没有马克思主义政党的领导，取得胜利后没有乘胜追击，没有没收法兰西银行，让它给反动政府以资助，使无产阶级孤军奋战。

失败的根本原因是资本主义还处在上升时期，当时的社会条件下还不具备推翻资本主义制度的条件。

1871年的巴黎公社革命具有突发性、偶然性、政治斗争、暴力革命的特点，它是无产阶级建立政权的第一次伟大尝试，丰富了马克思主义关于无产阶级革命和无产阶级专政的学说；它的经验教训成为后来的国际社会主义运动的宝贵财富；公社战士的革命精神值得后人永远景仰。

俄国十月革命　一战的爆发激化了俄国国内矛盾，布尔什维克党发出了推翻沙皇成立临时政府的提议，并组织了二月革命。资产阶级临时政府窃取了二月革命的胜利成果，还制造了"七月流血事件"，大肆迫害布尔什维克党。为了夺回革命的胜利成果，1917年11月7日（俄历10月25日）列宁领导人民进行"十月革命"，在世界上建立了第一个社会主义国家，社会主义由理想变为现实。

十月革命推翻资产阶级统治，建立了无产阶级专政，为俄国社会的发展开辟了一条新的道路，沉重地打击了帝国主义的统治，推动国际共产主义运动和民族解放运动的发展。

十月革命是人类历史上第一次成功的社会主义革命，以消灭私有制、建立社会公正和平等的社会制度为目的，打破资本主义制度一统天下的局面。

阅读材料：

材料一：19世纪末20世纪初，俄国进入帝国主义阶段。……但俄国是小农经济占优势的国家，……1913年按人口计算，俄国的钢产量只及美国的1/11，德国的1/8，英国的1/5，法国的1/4。俄国在经济和政治生活中存在严重的封建农奴制残余，农村保留有贵族地主大土地所有制和封建剥削形式。

——王斯德主编《世界近代史》

材料二：在俄国统治者眼里，农民阶级是畜生，必须施以恫吓、束缚和监视。用皮条编成的两米长的皮鞭，只需一鞭即可使人皮开肉绽，于是成了沙皇统治威严的象征。

俄国无产阶级受剥削、压迫特别严重，工作时间一般长达10小时，但工资低微。（1910年俄国工人的工资相当于美国工人工资的1/3）。

——《人类文明图鉴·战乱中的世界》

讨论题

十月革命与巴黎公社相比，继承了哪些政治经济措施，又发展了哪些革命措施？

活动题

从秦到清，中国专制主义中央集权制是怎样一步一步加强的，不妨总结一下吧？

第三章

经济发展史

经济基础决定上层建筑,社会经济的发展趋势决定着社会政治、文化的发展方向。一定的社会政治、文化发展状况反映着一定的经济发展水平。人类的经济活动是指,人们为了满足其生存和发展的需要,而付出劳动或者支付代价以获得生活资料的活动。人类的经济发展历程主要包括:农业化、工业化、信息现代化三个经济时代。而关于经济史的学习,梁启超曾经说过:"校其总成绩,求得其因果关系,以为现代一般人活动之资鉴者也。"学习中外经济发展历程,了解各国家地区的社会经济发展模式,认清本国经济发展状况及世界经济发展趋势,提高和培养为社会主义现代化建设的意识与能力。

第一节 中国经济发展

一、中国古代经济基本结构与特点

(一)中国农耕经济发展

农耕经济起源

我国农耕经济起源以多中心为特点,约一万年前,在黄河流域和长江流域形成规模。早在远古社会就形成了黄河流域以旱地粟麦生产为主、长江流域以水田稻作生产为主的农作物种植格局。我国是世界上最早种植粟和水稻的国家之一。

图 3-1 粟米

图 3-2 古代人种植水稻

著名的半坡遗址和河姆渡遗址分别是黄河流域文明和长江流域文明的典型代表。李时珍在《本草纲目·谷二·粟》中记载:"粟米,即小米。〔气味〕咸,微寒,无毒。"位于黄河流域的陕西西安半坡遗址,出土了很多遗存的粟及由粟制成的面条。位于距宁波市区约20公里的余姚市河姆渡镇的河姆渡遗址出土了很多人工栽培稻遗物。(图 3-1、图 3-2)

神农氏(图3-3),也称炎帝,是我国古代一位杰出的部落首领。他研制农具,研究并教授人们动植物的培养方法及制陶、纺织的方法,以及火的使用,功绩显赫,被称为我国农业之神。

神农尝百草

由于部落中受到各种疾病的侵扰,作为部落首领的神农氏奔走于山野之间,尝尽了百草滋味。他尝出了三百六十五种草药,研究其疗效,后来写成《神农本草经》,为百姓治病。而神农氏自己的身体,则因为经常误食毒草而受到很大损伤,最后因为积毒太深身亡。

图3-3 神农氏

以种植业为主、家畜饲养业为辅,是中国古代农业经济的又一特点。古代农民饲养的猪、牛、羊、马、狗、鸡六种动物占了十二生肖的一半席位,由此可看出家畜饲养与农业文明有着重要的联系。

农耕生产技术

刀耕火种,是原始农业时期最常用的耕作方式之一。所谓刀耕火种,就是使用刀石、石斧砍地面上的草、树等,待到草木晒干后用火焚烧,以其炭灰作为农作物的肥料。通常一两年后易地而种,因此也称迁移农业。

春秋后期,牛耕的出现标志着我国农业技术史上耕作方式的一次革命。到战国后期,这种耕作方式得到改进,人们将铁犁用于牛耕,实现了农具和牛力的结合,提高农业生产力。西汉中期,人们发明犁壁,进一步推动了牛耕技术的改进,犁壁的发明和使用也使得牛耕在更大的范围内得到推广。唐代时期,长江中下游地区出现曲辕犁,是我国农具改革的又一次突破,从此中国传统步犁基本定型。(图3-4、图3-5)

图3-4 古代牛耕图

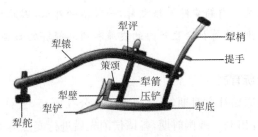

图3-5 古代犁的示意图

古代水利工程的发展,大大提高了农业生产力。芍陂、都江堰(图3-6)、郑国渠、漕渠、白渠及龙守渠等都是我国古代非常有名的水利工程。

图3-6 都江堰

著名的意大利旅行家马可·波罗在《马可·波罗游记》中写到:"都江水系,川流甚急,川中多鱼,船舶往来甚众,运载商货,往来上下游。"都江堰水利工程,于公元前256年,由秦蜀郡太守李冰率众人修建,它位于四川都江堰市城西,是全世界至今为止,年代最久、唯一留存、以无坝引水为特征的宏大水利工程。它主要由鱼嘴分水堤、飞沙堰溢洪道、宝瓶口进水口三大部分构成,科学地解决了江水自动分流、自动排沙、控制进水流量等问题,消除了水患,使川西平原成为"水旱从人"的"天府之国"。

农耕经营方式

小农经济产生于春秋战国时期,是我国封建社会农业生产的基本模式。所谓的小农经济就是以家庭为生产、生活单位,农业和家庭手工业相结合,生产主要是为了满足自家基本生活的需要和交纳赋税,是一种自给自足的自然经济。(图3-7)

图3-7　古代男耕女织图

在没有天灾、战乱和苛政干扰的情况下,以性别为分工的"男耕女织"式的小农经济可以使农民勉强自给自足。自耕农除盐铁之外,一般不必外求,因此生活比较稳定,也有较高的生产积极性。但是,在封建社会后期,随着社会生产力的发展和商品经济的日益发展,小农经济逐步阻碍经济的发展。

土地所有制

我国原始社会时期,土地属于氏族公社所有,公社成员集体耕种,平均消费。到奴隶社会,土地归国家所有,实行井田制。战国时期,各诸侯国先后进行变法运动,封建制度最终在各国确立起来。其中,秦国的商鞅变法最为彻底,废除井田制,以法律形式确立封建土地所有制,也就是地主土地私有制,它在我国古代社会中占主导地位。

> **商鞅变法**
>
> 战国时期,秦国秦孝公即位以后,决心图强改革,便下令招贤。当时商鞅(图3-8)自魏国入秦,深得秦孝公的信任,他在秦国实行的变法称"商鞅变法"。其变法的主要内容是:废除井田制,承认土地私有,准许土地自由买卖;按军功授爵,废除奴隶主贵族世袭特权;建立县制,实行中央集权的政治制度,全国设三十一个县,由国君直接派官吏管理,强制人民编成"伍"、"什",由国家统一控制;奖励耕织,生产多的可免徭役,鼓励发展生产。经过商鞅变法,秦国封建经济得到发展,逐渐成为七个诸侯国实力最强大的国家,为秦统一全国奠定了基础。

图3-8　商鞅

（二）中国古代手工业的发展

古代冶炼技术

我国新石器时代晚期就已经出现了铜器，夏朝时期已经能铸造比较讲究的青铜器（图3-9）。到商朝时代，青铜器铸造进入了繁荣时期，种类和数量急剧增加，生产规模也快速扩大，器物造型庄重雄奇，纹饰细腻优美，工艺精湛。

图3-9　古代青铜器　　　　图3-10　古代钢铁冶炼场景

春秋时期，我国发明了冶铁炼钢技术，这是我国古代冶炼技术的重大成就，同时也是世界冶铁史上的突破。当时人们发明的铸铁柔化处理技术，比欧洲早2000年以上。西汉时期，煤成为冶铁的燃料，这是冶金史上的一大飞跃。两汉时期，还发明了高炉炼铁和炒钢技术。东汉时期，杜诗发明水排，用水力鼓风冶铁。魏晋南北朝时期，还出现了更先进的灌钢法。南宋末年，开始使用焦炭冶铁。这些冶炼技术的发明和改进，不断提高了我国钢铁的质量，产量也不断大增，无论产量还是质量都在较长的时间内处于世界最高水平。（图3-10）

古代制瓷技术

我国是世界上最早发明瓷器的国家，早在商朝时期就制出了原始瓷器。东汉晚期，已经烧出了成熟的青瓷；南北朝时期，人们成功烧出白瓷；隋唐时期，我国制瓷技术进入成熟期，瓷质的硬度和釉色的纯度都优于前代，烧出著名的唐三彩；宋代时期，景德镇成为"瓷都"；元代开始进入彩瓷生产时期，烧成著名的青花和釉里红；明代时期，创造了斗彩和五彩瓷；清代时期，创造了粉彩和珐琅彩。

图3-11　出土古代瓷器　　　　图3-12　明代带有阿拉伯文的瓷器

从唐代时期开始，中国瓷器大量出口，享誉世界。明清时期，通过海上丝绸之路，瓷器大量销往亚、非、欧各国。为适应国外市场的需求，明朝时期还烧制出了带有阿拉伯文和梵文装饰图案的瓷器。（图3-11、图3-12）

古代丝织技术

早在上古时代，我国人民就已经学会养蚕。到商朝时期，已经有人发明了织机，能织出多种丝织品。西周以后，我国丝织技术发展突飞猛进，丝织品种类丰富，图案精美，也逐渐地形成一些丝织业中心城市，如临淄。汉代时期，因为丝织品远销欧洲各国，所以当时被称为"丝国"。唐代时期，出现了缂丝技术，以"通经断纬"的手法自由变换色彩，使得丝织品纹饰更加绚丽多彩。宋代时期，丝织工艺还吸收了花鸟画风格，使其图案更加生动活泼。明清时期，是我国南方丝织业的鼎盛时期，形成了以苏州、杭州和南京为代表的丝织业中心城市。（图3-13、图3-14）

图3-13　古代丝织品

图3-14　古代妇女纺织图

汉武帝时期，张骞两次出使西域，开辟中原通往西域的道路之后，班超经营西域和甘英出使大秦正式开通了连接欧亚非三州的丝绸之路。丝绸之路是历史上横贯欧亚大陆的贸易交通线，在历史上促进了欧亚非各国和中国的友好往来。在经由这条路线进行的贸易中，中国输出的商品以丝绸最具代表性。德国地理学家李希霍芬就将这条陆上交通路线称为"丝绸之路"，此后中外史学家都赞成此说，沿用至今。这条道路，由长安，经过河西走廊，然后分为两条路线：一条由阳关，经鄯善，沿昆仑山脉北麓西行，过莎车，西逾葱岭，出大月氏，至安息，西通犁靬，或由大月氏南入身毒；另一条出玉门关，经车师前部，沿天山南麓西行，出疏勒，西逾葱岭（今帕米尔高原地区），过大宛，至康居、奄蔡。

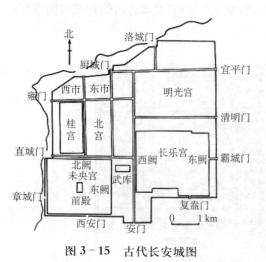

图3-15　古代长安城图

（三）古代商业与城市发展

秦朝统一了货币、度量衡，修驰道，推动了商业的发展。汉朝开通陆上和海上丝绸之路后，对外贸易也逐渐发展起来。当时的都城长安和洛阳、邯郸、临淄、成都等发展成为著名的商业中心城市，每个商业城市都有一个专供贸易的"市"，有些大城市还分布有几个"市"，如长安城分有东、西两个市。官府设立专职官员管理"市"，规定开市、闭市时间，闭市后不许交易。（图3-15）

隋唐时期，商业的繁荣城市由黄河流域的长安、洛阳等，增加到长江流域的扬州、益州等。官府对市的管理也更加规范细致。唐代时期长安城东市肆邸千余，货物山积，商贾云集。西市有波斯、大食商人往来经商，陆上和海上丝绸之路也呈现出空前的繁荣景象。广州还出现了柜坊和飞钱，政府在此设立市舶使，专管对外贸易。

宋元时期，城市和交通枢纽地区，商贩云集。临安城内商铺林立，早市、昼市、夜市相接，商铺、酒楼、茶馆错落有致。商业交换品种迅速增加，农业产品和手工业产品也开始投入市场。北宋时期，交易中出现"交子"，这

图 3-16 柜房坊

图 3-17 飞钱

是世界上最早使用的纸币。后来官府设立交子务,专门负责"交子"的印制和发行。当时,东南亚、阿拉伯乃至非洲地区,有几十个国家与中国进行对外贸易。到南宋时,海外的贸易税收已成为国库的收入的重要来源之一。(图 3-16、图 3-17、图 3-18)

明清时期,城镇经济空前繁荣,兴起了一批以经济为主要功能的商业市镇,大量农产品投入市场,如棉花、茶叶、甘蔗、染料等普遍种植的经济作物。白银的使用日益广泛,逐渐成为主要的法定货币,形成以银为主、以钱为辅的货币流通制度。白银的广泛使用促进了商业资本的集聚,出现了实力雄厚的区域性商人群体,如徽商、晋商、宁绍商、闽商等。

徽商,是安徽徽州商人或商人集团的总称,东晋时期开始出现,唐宋时期发展迅速,明清时期达到顶峰,但到了清朝道光年间逐渐衰落。徽商资本雄厚,活动范围广,经营项目多,兴盛时间长,又崇尚文化,是我国古代最大且最有影响的商帮之一。他们主要经营盐、米、丝、茶、纸、墨、木材等,其中对食盐的经营最为重视。

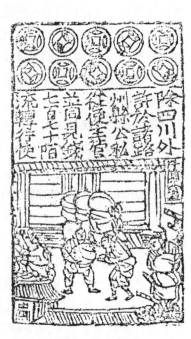
图 3-18 交子

《清明上河图》(图 3-19)是北宋画家张择端的作品,是中国绘画史上最著名的绘画作品之一,描绘的是北

图 3-19 《清明上河图》局部

宋时期都城东京(今河南开封)清明节时的繁华景象。作品不仅体现了作者高超的艺术水平,更是记录了北宋都城的繁华,也反映了北宋城市的经济状况。

二、近代中国经济结构的变动与资本主义的曲折发展

(一)近代中国经济结构的变动

鸦片战争爆发之前,中国经济长期处于以农业和家庭手工业为基础的自给自足的自然经济。而鸦片战争之后,由于外国资本主义入侵,中国被卷入世界资本主义市场,社会经济结构发生了根本性的变化。中国也尝试发展资本主义,出现洋务企业和民族企业。近代中国出现外国资本、官僚资本和民族资本三种经济形态,自给自足的封建自然经济结构解体。

自然经济解体

1840年到1860年,在中国发生了两次鸦片战争,两次鸦片战争均以中国朝廷与外国签署贸易条约而告终。通过条约,中国对外国开放了上海、福州、宁波、厦门、广州、南京、淡水及牛庄等城市作为通商口岸。从此,外国列强将工业化的商品不断涌入中国市场,同时大量收购中国农副产品。列强一方面将质优价廉的洋纱大量投入中国市场,使得中国家庭棉纺织"纺"与"织"分离,同时输入大量洋布,取代土布,又使得中国家庭"织"与"耕"分离;另一方面,他们大量收购中国特色农产品,丝、茶等,进而操作丝、茶市场,使得中国丝、茶生产日益商业化并服从于世界市场需要。列强资本主义的入侵,打破了我国自给自足的自然经济结构,打击了农村家庭手工业和城市手工业,同时又推动了中国农副产品的商品化发展。

洋务运动与民族资本主义的产生

第二次鸦片战争后,中国面临内忧外患的窘境,清朝政府及民间也开始尝试改革和发展企业。19世纪60—90年代,以曾国藩、李鸿章、左宗棠和张之洞为代表的一些较为开明的官员主张,在不改变封建制度的前提下,利用西方先进科技来维护清朝的统治,发动了"师夷长技以自强"的洋务运动。他们创办了一批近代军事工业。

安庆内军械所(图3-20),由曾国藩创办于1861年,是中国第一家官办的近代军事工业。中国人自行设计和制造的第一台实用蒸汽机就是在安庆内军械所问世的,它标志着我国近代工业的起步。江南制造总局(图3-21)又称上海机器局,是洋务运动中成立的军事生产机构,是清政府中的洋务派开设的规模最大的近代军事工业,也是晚清最重要的军工厂。

图3-20　安庆军械所　　　　　图3-21　江南制造总局炼钢厂图

在外商企业丰厚利润的刺激下,中国民间的一些地主、商人也开始投资创办近代企业,洋务派引进的西方先进科技,也起到了诱导作用,致使中国民族资本主义产生。近代民族工业产生主要有两种途径:一是由小地主、官僚、买办、商人、华侨等投资近代企业;二是原来的部分手工工场开始引进机器进行生产而转变为近代企

业。相比官办企业,民企规模要小得多,主要有方举赞在上海创办的上海发昌机器厂、陈启沅在广州南海创办的继昌隆缫丝厂、吴懋鼎等创办的天津自来火公司等等。

1863年,上海洪盛机器碾米厂(图3-22)建成,上海洪盛米号开始使用机器碾米,但它还不是专门的碾米厂,只是米店的一部分。1872年,陈启沅在广州南海县创办的继昌隆缫丝厂,是中国第一个民族资本经营的机器缫丝厂。办厂之初,他招收男女工(以女工占大多数)数十人,亲自给这些新工人教授"仿西人缫丝之法",南海县最早的一批近代产业工人也随之诞生。

1863年上海洪盛机器碾米厂
图3-22 上海洪盛机器碾米厂

(二) 民族资本主义曲折发展
民族资本主义的初步发展

甲午中日战争之后,随着帝国主义列强不断加大对中国的资本输出,中国社会自给自足的自然经济进一步遭到破坏,这在客观上给民族资本主义的发展提供了条件。而清政府为扩大税源,也逐渐放宽了民间设厂的限制,设商部奖励工商。这就推动社会上"实业救国"的热潮兴起,也涌现了一批实业家,如张謇、荣宗敬、荣德生等。

张謇(图3-23),他是中国近代著名的实业家,主张"实业救国"。一生创办了20多个企业,370多所学校,为中国近代民族工业的兴起作出了巨大贡献,被称为"状元实业家"。他创办我国第一所纺织专业学校,在中国教授纺织技术,建立棉纺织原料供应基地,进行棉花改良和推广种植,是中国棉纺织工业领域早期的开拓者。

图3-23 张謇

图3-24 荣氏兄弟

荣宗敬、荣德生(图3-24),也是我国近代著名的实业家,荣氏兄弟从十几岁起在上海做学徒,后与人合资开办钱庄,开始经营生涯。1913年,兄弟合资开办上海福新面粉厂,获得丰厚利润。1921年荣氏兄弟拥有12家面粉厂,其面粉畅销国内外,被称为"面粉大王"。

民族资本主义工业的春天

第一次世界大战期间,资本主义列强忙于战争,暂时放松了对中国社会的经济掠夺,也减少了资本输出和商品的投入,这在客观上也给中国民族资本主义提供了很有利的发展机会和空间。而辛亥革命推翻了封建清朝统治,建立资本主义性质的中华民国,这为中国民族资本主义的发展扫清了一些障碍,也激发了资产阶级振兴实业的热情。由此,实业集团如雨后春笋,不断涌现,如著名的中华民国工业建设会、中华实业团等。各类民族工业也迅速发展,尤其是纺织业和面粉业发展最快。据统计,全国商办纱厂1921年比1914年增加了两倍多;纱厂的实收资本1921年也比1913年增加了6倍多。在其数量增加的同时,其分布范围也在不断地扩大,从以上海市为中心的江浙地区,扩散到以武汉为中心的华中地区、以天津为中心的华北地区。除此外,烟草、火柴、榨油、造纸等轻工业、重工业及新兴的化学工业都获得了较好的发展。

抗日战争中的民族资本主义工业

抗日战争前夕,中国民族资本主义工业发展较快。1927年,南京国民政府建立之后,推行了一系列有利于民族资本主义工业发展的经济政策和措施。国民政府改革币制,开展"国民经济建设运动",一定程度上推动了工业、农业和交通业的发展。群众性的反帝爱国运动也有力地推动着民族资本主义工业的发展,尤其是抵制洋货、提倡国货的运动。

1937年7月7日,日本列强发动"卢沟桥事变",开始了全面侵华的战争。战争期间,中国民族资本主义工业遭受空前残酷的打击。沦陷区中来不及搬迁的民族资本主义企业,遭受日军摧毁或侵占。仅1937年8月到1938年3月,短短的半年时间里,上海就被日军摧毁了2000家工厂,损失超过8亿元。在国统区中的民族资本主义企业,受到国民政府的全面控制,这是抗战需要实行的战时体制,但是国民党官僚却借此机会控制国民经济命脉,压制民族企业,官僚资本日益膨胀,民族资本日益萎缩。

抗日战争结束后,国民政府为取得美国对其发动内战的支援,出卖国家主权。1946年,国民党与美国签署了《中美友好通商航海条约》,使得美国获得了在华的政治、经济等特权。美国大量商品流入中国市场,国货被排挤,民族资本主义企业纷纷破产。以天津为例,市场上将近60%的商品是美国货。由于受到外国商品的排挤、官僚资本的压制和国民政府苛捐杂税的压榨等,民族资本主义工业陷入了绝境。

三、有中国特色的社会主义建设道路

社会主义经济建设的发展与曲折

成立之初的新中国,是个千疮百孔的落后农业国。为改变我国经济落后的面貌,中央人民政府制定了发展国民经济的第一个五年计划。"一五"计划的主要任务是:集中力量发展重工业,建立起国家工业化和国防现代化的初步基础;逐步对农业、手工业和资本主义工商业进行社会主义改造。计划从1953年开始实施,至1957年,在此期间中国工业得到了一定的恢复和发展,鞍山钢铁公司三大工厂、长春第一汽车制造厂沈阳机床厂及飞机制造厂等建成并投产建设,为社会主义工业化奠定了初步基础。(图3-25、图3-26)

图3-25 我国制造的第一批喷气式飞机

图3-26 首批国产解放牌汽车

我国第一架喷气式飞机由沈阳飞机制造厂于1956年9月8日试制成功,这标志着中国航空工业从此跨入喷气时代。

新中国在发展重工业的同时,也对农业、工业、资本主义工商业进行社会主义改造。在农村实行自愿互利

原则,由农业互助组、初级农业生产合作社到高级农业生产合作社逐步推进。手工业的改造也采取了与农业改造大致相同的步骤。对资本主义工商业的改造采取私营企业向公私合营企业的转变。到1956年底,我国农业、手工业、资本主义工商业的社会主义改造基本完成。基本实现生产资料私有制向社会主义公有制的转变和按劳分配的劳动分配原则。

1956年,中共召开第八次全国人大会议,会议在经济建设方面坚持反对冒进,倡导综合平衡稳步前进的经济建设方针,但八大的路线未能坚持下来。1958年,中共八大二次会议提出"鼓足干劲,力争上游,多快好省地建设社会主义"总路线。当时人们迫切想改变我国经济文化落后现状,但是忽视了客观经济发展规律。也导致了经济建设中的以高指标、瞎指挥、浮夸风和"共产风"为标志的"左"倾错误越发膨胀,使得国民经济比例失调,生态环境遭到破坏,人们生产积极性受到重创,造成新中国成立以来最严重的经济困难。

1960年,党中央开始纠正经济工作中的"左"倾错误,提出"调整、巩固、充实、提高"的八字方针,初步总结了"大跃进"中的经验教训,经济逐步恢复和发展。但是,1966年我国爆发"文化大革命"。在这十年的动乱中,国民经济受到了严重的影响,主要生产部门比例长期严重失调,经济管理体制更加僵化,人们生活水平低。据估计,这十年间我国国民经济损失约50000亿元。

社会主义市场经济体制

1978年,中共召开十一届三中全会,把党的工作重心转移到经济建设上来,实行改革开放政策,这是新中国历史上具有深远意义的伟大转折。十一届三中全会后,我国先后将深圳、珠海、汕头、厦门、海南设为经济特区,开放大连、秦皇岛、天津、烟台、青岛、连云港、南通、上海、宁波、温州、福州、广州、湛江、北海等沿海港口城市,带动全国经济发展。

我国经济体制改革首先在农村展开。人民公社体制,政社合一,管理高度集中,分配过于平均,农民缺乏自主权,生产积极性不高。为发展农业生产,安徽当地党和政府实行家庭联产承包责任制,粮食增产,卓见成效。随后中央政府将其推向全国,大大促进农业生产的发展。(图3-27)

家庭联产承包责任制

1980年代,在中国大陆农村推行的一项重要农村土地制度的改革,也是中国大陆农村现行的一项基本经济制度。其内容为:在保留集体经济必要的统一经营的前提下,农民以家庭为单位向集体组织承包土地等生产资料和生产任务,也就是"包田到户",承包农户根据承包合同规定的权限,独立经营,在完成国家和集体任务的前提下可以自主分配经营成果。

图3-27 安徽凤阳

在农村改革的推动下,城市国有企业的经济体制改革也开始进行。1984年,中共召开十二届三中全会,通过《关于经济体制改革的决定》,重点进行城市经济体制改革。在所有制方面,将单一的公有制经济,发展为以公有制为主体、多种所有制经济共同发展的制度;在管理体制方面,将高度集中的管理体制改为以间接管理为主、宏观调控的管理体制。改变了企业缺乏自主权、缺乏活力、吃"大锅饭"、积极性差的局面。

1992年,邓小平在南方视察时,发表了一系列重要讲话,提出要搞好社会主义的市场经济。当年,中共召开第十四次全国人大会议,明确了坚持党的路线不动摇,关键是坚持以经济建设为中心不动摇;加快改革开放;经济改革目标是建立社会主义市场经济体制。1997年,中共十五大召开,提出了我国社会主义初级阶段的一项基本经济政策,即以公有制为主体、多种所有制经济共同发展。经济体制改革之后,大大促进了我国社会经济的发展,人民生活发生了翻天覆地的变化,不但解决了温饱问题,还在总体上达到小康水平。

第二节 西方国家经济发展

一、新航路开辟、殖民扩张与资本主义世界市场的形成和发展

(一) 新航路开辟

新航路开辟,指的是15—16世纪欧洲航海家开辟东西方新航路及发现美洲新大陆的通称,也称地理大发现。当时的商品经济发展和资本主义萌芽,使得西欧国家对黄金和白银的需求量与日俱增。加之各阶级对贵金属的狂热追求,他们迫切需要开辟一条通往东方捞金的新航路。当时,罗盘针已广泛使用,多轨船制造成功,测量技术及绘图技术提高,在生产力发展和科学技术提高的条件下,欧洲航海家们开始他们的旅程。1488年,迪亚士到达非洲最南端——好望角;1492年,哥伦布发现美洲新大陆(图3-28);1497—1498年,达·伽马开辟从西欧经过好望角抵达印度新航线;1519—1522年,麦哲伦完成世界上第一次环球旅行。

图3-28 哥伦布到达美洲

新行路的开辟,使欧洲同亚洲、美洲、非洲的联系得到加强,世界各地打破封闭独立状况,加强交流与融合,这就为世界市场的形成提供了条件。新航路开辟之后,商人们通过这些航线贩卖各国商品,贸易范围在全球范围内扩大,地域性贸易向世界性贸易发展,贸易中心也由地中海沿岸向大西洋沿岸转移,这些转变促成了商业革命。

(二) 殖民扩张与世界市场的形成

16世纪下半叶,荷兰经过资产阶级革命,发展迅速,尤其是航海业和造船业较为发达,荷兰人被称为"海上马车夫"。到17世纪,荷兰垄断了对波罗的海、印度及美洲的贸易,同时利用其强大的海上力量,在全世界范围内进行殖民活动,被称为殖民帝国。

新航路开辟后,英国也利用其得天独厚的地理位置积极进行对外贸易和殖民扩张。英国相继打败西班牙、荷兰等国并夺取他们的殖民地,在亚洲、非洲、美洲和大洋洲都拥有殖民地,确立了其世界殖民霸主地位,自诩为"日不落"帝国。(图3-29)

图3-29 英荷海战

客观上,殖民活动推动了世界市场的发展。英国、荷兰、西班牙等国在世界建立殖民地,并与世界各地更多的地区进行直接贸易,进一步加强和扩大与世界各地的联系。

18世纪60年代到20世纪初发生的两次工业革命促进了世界市场的形成。18世纪60年代,第一次工业革命在英国爆发,也称英国工业革命,到19世纪40年代基本完成。第一次工业革命的主要成就:1733年,凯伊发明飞梭并在棉纺织业中得到广泛使用,提高织布速度;1765年,哈格里夫斯发明珍妮纺纱机;1785年,瓦特改制蒸汽机,使蒸汽机作为动力得到广泛使用,这是第一次工业革命的标志。工业革命使英国成为人类历史上第一个工业国家,被称为"世界工厂"。(图3-30)

图3-30 以蒸汽机为动力的火车

18世纪中期,英国手工商品畅销海外,供不应求。因此,人们想方设法提高生产技术、提高产量。18世纪60年代,哈格里夫斯发明珍妮纺纱机,"珍妮机"可以一次纺织出很多根纱线,大大提高生产率。

1841年,史蒂芬孙研制成第一台以蒸汽作为动力的火机机车。

19世纪70年代到20世纪初在全球范围内发生第二次工业革命,其科技成就主要有:电力的广泛应用、内燃机的发明和使用、电话等新通讯手段的发明和化学工业的建立等。

1903年,美国人威尔伯·莱特和奥威尔·莱特两兄弟发明的飞机(图3-31)试飞成功,开辟了人类征服天空之路。

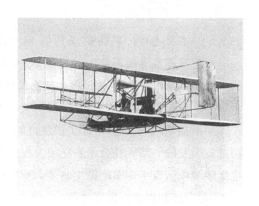

图3-31 莱特兄弟研制的飞机

图3-32 美国参议院的后台

经过第二次工业革命,重化工业逐步成为工业生产的主要成分,取代了轻纺工业,工业生产结构发生巨大变化。由于重化工业生产规模大,资本需求日益庞大,垄断组织应运而生。垄断组织计划生产,一定程度上改变了自由资本主义阶段个人生产的盲目和无计划状态,是历史的进步。但是垄断资本家为资本积累干预国家经济、政治生活,加快对外扩张。这客观上加强了世界范围内发达资本主义国家与不发达地区通过经济、政治、军事等的联系,促进资本主义世界体系的形成。

美国画家约瑟夫·克普乐名为《参议院的老板们》(图3-32)的漫画作品,描绘了美国参议院在辩论时的场面,反映垄断资本家控制了国家的政治生活,参议院不可能做出对垄断组织不利的决议。

二、罗斯福新政与资本主义运行机制调节

随着资本主义经济的繁荣发展,资本主义制度下的生产资料私有制与社会化大生产之间的矛盾激化,最终导致世界经济危机的爆发,市场经济大萧条,全球陷入失业、贫穷、饥饿的困境中。各国为稳定局势,恢复经济,纷纷对经济政策作出了调整。

图3-33 富兰克林·罗斯福

(一)罗斯福新政

1929—1933年,美国经济大萧条,始于1929年纽约股票市场崩溃。这场经济大危机使美国和欧洲遭受巨大的灾难,整个世界经济形势非常糟糕。经济危机初期,美国总统胡佛推行放任自由的经济政策,目的是遏制经济危机,但结果反而加剧经济危机。

1933年,富兰克林·罗斯福(图3-33)就任美国总统,为使美国摆脱经济危机,实现经济复苏,提出"新政"。新政主要内容:一,整顿财政金融,政府通过整顿银行、统治货币和改革税制等方式,来恢复银行的正常活动及人们对银行的信任;二,通过修订《全国工业复兴法》等法律,调整工业生产;三,调节农业生产,政府采购剩余农产品,稳定物价;四,社会救济与以工代赈,政府开展救济工作,通过《社会保障法》,保障失业者、老人、残疾人等的生活保障;五,采用一系列立法保障工人权利,提高工人地位,稳定统治秩序。

富兰克林·罗斯福,美国第32任总统,是美国历史上唯一连任四届的总统。1882年出生于美国纽约一个百万富翁的家庭。1900年至1904年就读于哈佛大学,1910年当选为纽约州的参议员。1913年出任海军部助理部长。1933年就任美国总统。

罗斯福新政的实施,帮助美国度过经济大危机,在一定程度上生产力得到了恢复,国民经济得到复兴;由经济危机引发的一系列社会矛盾在很大程度上得到了缓和,对美国法西斯势力也起到一定程度的遏制作用,由此也保障了美国资本主义的民主制度。罗斯福新政,开创了国家干预经济的模式,它在未触及资本主义制度的前提下,对经济制度进行深度改革。

(二)福利国家

世界经济危机暴露了资本主义制度的弊端,贫富差距过大引起的社会危机威胁到资本主义制度。为减少贫富差距引发的社会问题,西方主要资本主义国家纷纷采取缩小贫富差距的措施,这些国家运用社会保障政策和增加社会服务开支,来保障国内个人和家庭的最低收入,及保障公民获得较好的社会服务。

随着社会福利政策的广泛推行,西方的主要资本主义国家逐渐建立起由养老、医疗、住房、失业、教育等方面组成的福利国家制度。福利国家的出现,不仅使低收入阶层的生活得到保障,还使社会矛盾得到缓解,并且使社会消费得到扩大,促进社会经济的恢复和发展。

(三)新经济

第二次世界大战结束后,美国利用先进的科学技术,改革生产技术,发展新兴工业,如原子能、半导体、电子

计算机、宇航及激光等（图 3-34、图 3-35、图 3-36），大大推进了美国的社会经济发展。

图 3-34　第一台计算机　　　　　图 3-35　阿波罗号　　　　　图 3-36　克隆羊"多利"

20 世纪 90 年代，由于经济全球化和信息技术革命的推动，美国出现"新经济"。"新经济"是一种以知识经济为基础、以信息技术为主导的新的经济增长方式，它包含了一系列促进生产发展的技术、制度、管理创新机制。

三、苏联的社会主义经济建设

（一）战时共产主义经济

十月革命后，苏俄面临内忧外患及政治经济危机。国内反革命势力企图通过武装暴动夺回政权；国外帝国主义一面派军队进行武装干涉，一面支持苏俄国内反革命势力的武装暴动；第一次世界大战及国内战争的爆发，使苏俄陷入粮食短缺、经济困窘的状态。

1918 年，苏维埃政府开始实施战时共产主义政策。该政策主要是对国民经济各部门进行高度集中的管理，主要体现在：第一，实行余粮收集制，颁布《关于国家在出产谷物的省份征粮办法》，要求全国各地实行了谷物和饲料的余粮收集制。征收数额根据"富农多征，中农少征，贫农不征"的原则而定。第二，实行实物配给制，取消自由贸易，政府颁布《关于组织一切产品、个人消费品及日用品的居民供应》，规定：一切食品、个人消费品和家用物品均由国家和合作社组织供应，如糖、茶、盐、火柴、布匹、鞋、肥皂等都实行国家垄断。第三，全国大中小企业全部收归国有，实行工业国有化。第四，实行义务劳动制，采取"不劳动者不得食"原则，要求有劳动能力的都要参加劳动，强迫剥削阶级参加体力劳动。其目的是保障军事上的胜利，巩固苏维埃政权，建设社会主义。

为适应残酷的战争环境和物资极度缺乏的特殊需要，被迫采取的带有军事性的非常措施是有必要的。对于战时共产主义政策，列宁曾经说："当时所处的战争条件下，这种政策基本上是正确的。"苏维埃政府通过战时共产主义政策的一系列措施，最大限度地集聚了全国范围内的人力、物力、财力，保证了军事上的胜利，捍卫了十月革命的成果。

（二）新经济政策

战时共产主义政策帮助苏俄度过了艰难的战争时期，但是战争结束后，苏俄继续推行战时共产主义政策，其高度集中的管理与和平时期社会主义经济发展规律的不适应性日益明显地暴露出来，导致苏俄的社会动荡。

20 世纪 20 年代，以列宁为首的布尔什维克党提出新经济政策。1921 年，苏俄制订《关于以实物税代替余粮收集制》，标志着战时共产主义政策开始向新经济政策过渡。新经济政策，在农业方面，采用固定的粮食税收代替余粮收集制，纳税后剩下的粮食可以由农民自己支配；在工业方面，部分关系到国家经济命脉的企业保留其国有性质，放弃一些中小企业及国家无力管理的企业的管理权，允许国内外资本家经营；在流通方面，允许自由贸易；废除实物分配制度。

新经济政策的实施，适应社会主义经济发展规律，使苏俄在政治上，巩固了工农联盟，巩固了苏维埃政权；在经济上，促进国民经济的恢复和发展；在理论上，探索出一条落后小农经济国家过渡到社会主义的正确道路，是马克思主义理论的重大发展。

（三）斯大林模式

1924年，列宁逝世后，斯大林（图3-39）开始领导苏联人民进行工业化建设。为改变工业、农业落后局面，增强国防，维护民族独立，保障社会主义建设，1925年，联共（布）第十四次全国代表大会提出优先发展重工业，目标是将苏联从农业国发展为工业国。1928—1932年，为苏联第一个五年计划时期，其间开展了社会主义劳动竞赛运动。第二个五年计划从1933年开始，并在1937年提前完成。

图3-37 第聂伯河水电站

第聂伯河水电站（图3-37），位于乌克兰第聂伯河，1927至1939年，由美国工程师援助建设完成。1号水电站水库总库容24.6亿立方米，有效库容5.3亿立方米，为季调节水库，年平均发电量30亿千瓦/时，是当时世界上最大的水电站。该电站的建成，是苏联社会主义工业化的标志。

图3-38 农业集体化运动宣传画

随着工业化的快速发展，以小农经济为基础的农业国无法满足其对粮食的需求。因此，1921年12月，联共（布）召开第十五次全国代表大会，制定并通过了开展农业集体化方针。开始在全国范围内展开大规模的农业集体化运动。在农业集体化运动（图3-38）中，开始了对富农阶级的斗争，对富农的生产资料和其他财富进行剥夺，一大批富农被强行搬迁至西伯利亚及其他边远地区进行劳动。之后，富农作为一个阶级被消除。

1937年，苏联超过90%的农户加入集体农庄。农业集体化将广大劳动农民引上了社会主义道路，使社会主义生产关系的统治地位在农村得到了确立。

这个时期形成的高度集中的政治经济体制，被称为"斯大林模式"。1936年，苏联通过了新宪法，宣布苏联社会主义基本建成，是斯大林模式确立的标志。斯大林政府把全国的政治、经济、军事、外交及科教文卫事业等的决策权都集中到党中央的最高领导层。在斯大林模式的指导下，苏联完成了社会主义工业化和农业集体化，改变了苏联的经济和社会机构。

约瑟夫·维萨里奥诺维奇·斯大林（1878—1953），是苏联执政时间最长的最高领导人，在任期间，他全力进行社会主义工业化和农业集体化，使苏联成为重工业和军事大国，但同时也导致了乌克兰大饥荒，他还发动了大清洗运动。

图3-39 约瑟夫·维萨里奥诺维奇·斯大林

斯大林模式的主要功绩：经过两个五年计划，国家工业迅速发展，苏联实现了农业国向工业国的转变。苏联经济的高速发展，也为后来战胜法西斯战争的胜利奠定了坚实的物质基础。斯大林模式也存在着比较明显的弊端，政治上，高度的集权破坏了民主集中制，导致社会缺乏民主，个人高度专权，对斯大林个人崇拜盛行。干部职务终身制，缺乏监督。经济上，着重发展重工业，导致国民经济比例失调。计划经济体制过于行政化和集中化，忽视市场与商品、货币和价值规律的作用，生产资料消耗大、经济效益低，挫伤劳动者的生产积极性和创造性。

（四）二战后苏联经济改革

赫鲁晓夫改革

由于斯大林模式的弊端日益暴露，严重制约着苏联经济发展和人民生活水平的提高。赫鲁晓夫（图3-40）执政后，把经济改革的重点转移到农业上。他取消了农业产品的义务交售制度，实行收购制度，并以提高农产品的收购价格来提高农民的收入；鼓励家庭副业发展，扩大集体农庄与国营农场的自主权；大量开垦荒地，增加粮食产量；废除部门管理体制，给予地方及企业一定的自主权；一定程度上承认企业和个人物质利益。

赫鲁晓夫的改革，对斯大林模式起到一定程度上的冲击作用，但是并没有从根本上破除这个模式。赫鲁晓夫的一系列改革措施以其1964年下台而告终。

勃列日涅夫改革

赫鲁晓夫的改革宣告结束后，勃列日涅夫（图3-41）推行了一系列政治经济改革。经济方面：恢复了部门管理体制；放宽国营经济的经营自主权；采用经济手段刺激企业改革。其改革初期，国民经济有所发展，人民生活水平也有了一定的提高。但是从20世纪70年代开始，他不思进取，过于追求平稳，导致经济发展停滞不前，甚至出现下滑现象。由于对苏联社会实际发展水平的过高估计，勃列日涅夫在1967年就宣布苏联已建成"发达社会主义"社会，这样的错误认识，阻碍了改革的发展。

戈尔巴乔夫

1985年，戈尔巴乔夫（图3-42）上台执政，为改变社会动荡、经济下滑、人民生活水平下降的困境，他也进行了一系列的政治经济改革。戈尔巴乔夫首先进行的是经济改革，由于认识到了市场对经济的调节作用，他采用经济管理的方式代替了原来的行政命令，政府减少行政命令的计划指标，更多的是指导性计划指标；调整所有制结构；实行各种形式的承包和租赁。但是，最后由于仍然没有放弃苏联传统做法，缺乏必要的宏观政策和相应的配套措施，并在经济改革还没有达到预期的效果就将改革重点转移到政治改革上，最终导致了苏联的解体。

图3-40　尼基塔·谢尔盖耶维奇·赫鲁晓夫

图3-41　列昂尼德·伊里奇·勃列日涅夫

图3-42　米哈伊尔·谢尔盖耶维奇·戈尔巴乔夫

第三节　世界经济全球化趋势

一、布雷顿森林体系

第二次世界大战后,以英镑为中心的资本主义世界货币体系崩溃,西欧主要资本主义国家衰落。美国凭借其高速发展的经济实力建立起以美元为中心的世界货币体系。1944年,44个国家代表在美国布雷顿森林召开联合国货币金融会议,会议通过了《布雷顿森林协定》。协定的主要内容有:第一,建立以美元为中心的世界货币体系,也就是美元与黄金直接挂钩,国际货币基金组织成员国的货币又与美元挂钩,且保持固定的汇率与比价;第二,建立国际货币基金组织和世界银行。

布雷顿森林体系的建立,一定程度上稳定了世界金融货币秩序,促进世界经济贸易恢复和发展。但是以美元为中心的世界货币体系,使美国在很长一段时间内处于世界经济发展的有利地位,为美国对外经济扩张、资本输出和夺取霸权提供了有利条件。

世界银行,是一个国际性组织,是由国际复兴开发银行和国际开发协会等组成的世界银行集团的俗称。它主要向发展中国家提供低息贷款、无息信贷和赠款,为发展中国家或转型国家提供资金援助。

1945年,根据布雷顿森林会议签订的《国际货币基金协定》,国际货币基金组织于在华盛顿成立。它的主要职能是监察货币汇率和各国贸易的情况,提供技术和资金协助,以确保全球金融制度能够正常运行。

20世纪70年代,西欧和日本崛起,加上布雷顿森林体系内部的不稳定及美国经济的衰弱,美元贬值,货币基金组织成员国纷纷放弃了与美元的固定汇率,至此,以美元为中心的世界货币体系瓦解。

二、世界经济区域集团化

欧洲联盟

第二次世界大战后,有着共同文化遗产、心理认同感及相近的经济发展水平的西欧各国开始逐步向区域经济一体化的趋势发展。1951年至1958年,欧洲钢铁共同体、欧洲经济共同体及欧洲原子能共同体相继成立,1967年,这三个共同体合并为欧洲共同体,后发展为欧洲联盟。它是欧洲的政治、经济一体化的组织,其成员国都是一些发达或者中等发达的欧洲国家,是一个在经济、政治及军事方面合作的超国家的权力机构。它的出现与发展,大大冲击两极格局,促进世界政治经济多极化发展。

北美自由贸易区

在欧洲一体化迅猛发展及日本迅速崛起的威胁下,美国不断加强与其周边国家加拿大和墨西哥的合作。1992年,美国同加拿大及墨西哥签订《北美自由贸易协定》。协定主要内容是:15年内,逐步取消北美自由贸易区的关税及其他贸易壁垒,实现商品、劳务和资本的自由流通。通过该协议,美国、加拿大及墨西哥三国优势互补,加快了产业结构调整,提高生产率,增强国际竞争力。

亚太经济合作组织

随着社会经济的快速发展,国家间的交流合作在地域上范围不断扩大,国家间的联系也不断加强。在这样的背景下,一个更大范围内的区域合作组织——亚太经济合作组织诞生。1989年,澳大利亚、美国、加拿大、日本、韩国、新西兰和东盟6国代表在澳大利亚首都堪培拉举行亚太经济合作会议首届部长级会议,这次会议标志着亚太经济合作组织的成立。

亚太经济合作组织(Asia-Pacific Economic Cooperation,简称APEC)是亚太地区最具影响的经济合作官方论坛,中国于1991年加入亚太经济合作组织。APEC的大家庭精神是:开放、渐进、自愿、协商、发展、互利与共同利益;其宗旨是:保持经济的增长和发展;促进成员间经济的相互依存;加强开放的多边贸易体制;减少区域贸易和投资壁垒,维护本地区人民的共同利益。

三、世界经济全球化趋势

经济全球化

经济全球化,指的是世界经济活动超越国界,通过对外贸易、资本流动、技术转移、提供服务、相互依存、相互联系在全球范围内形成的经济一体化,是当今世界经济发展的重要趋势。

经济全球化是一个历史的过程,也是历史发展的结果。全球越来越多的国家发展市场经济,为经济全球化提供保障。两次技术革命之后,高科技迅猛发展,特别是信息技术的高速发展,为经济全球化奠定了科技基础。企业经营国际化,尤其是跨国公司在全球范围的迅速扩张,对经济全球化产生和发展起了推动作用。而国际经济贸易和投资的自由化,直接促进了经济全球化的产生和发展。从根本上说,经济全球化是生产力发展的结果。

经济全球化发展,是社会大生产发展的结果,反过来又促进社会大生产的发展。它有利于资源和生产要素在全球范围内的合理配置、资本和产品在全球性流动、科技在世界范围内的扩张,更有利于促进不发达地区经济的发展,这是人类的发展进步。

经济全球化是把"双刃剑"。一方面,推动全球生产力大发展,加快世界经济增长,也为少数发展中国家的发展壮大提供了一个难得的历史机遇。另一方面,也加剧国际竞争,增多国际投机和风险,并对发展中国家主权及其民族工业造成了严重冲击。而更为严重的是,由于实力的不均衡,发达国家和跨国公司将得利最多,而发展中国家所得甚少。由此导致发展中国家与发达国家的差距进一步拉大,一些极不发达的国家将被排挤到经济全球化之外,不仅被"边缘化",还很可能成为发达国家和跨国公司的"新技术殖民地"。

世界贸易组织

1944年的布雷顿森林体系会议上,曾经提出过建立一个世界性贸易组织的构思。1947年,《关税与贸易总协定》——世界贸易组织的前身,在日内瓦签订,它是全球性的联合国相关组织,被称为"经济联合国"。1994年,各国代表在摩洛哥马拉喀什市举行的关贸总协定乌拉圭回合部长会议,会议决定成立更具全球性的世界贸易组织。1995年,世界贸易组织完全取代了贸易总协定,成为当代世界范围内最具影响力的经济组织之一。中国于2001年加入世界贸易组织。

世界贸易组织的宗旨是:在处理各组织成员之间的贸易和经济事务的关系中,努力达成互惠互利协议,大幅度削减关税及其他贸易障碍和政治国际贸易中的歧视待遇,以达到扩大生产、充分利用世界资源、积极发展商品生产与交换,进而达到保证经济持续增长、充分就业、保障实际收入、提高生活水平的目的。

世界贸易组织的目标是建立涵盖货物、服务、与贸易有关的投资及知识产权等内容的一个更完整、更具活力、更持久的多边贸易体系。该组织在处理各成员之间的贸易和经济事务中遵循互惠互利原则、透明度原则、市场准入原则、促进公平竞争原则、经济发展原则、非歧视性原则。

2001年,中国正式加入世界贸易组织,这标志着中国对外开放进入了一个新的阶段。有利于我国参与国际分工、产业结构调整、促进经济增长,但同时,也是对我国弱势产业的一个巨大的挑战。

讨论题

以史为鉴:"左"倾错误思想给中国近现代革命和建设带来过哪些负面影响?给我们的人生启示是什么?

活动题

想一想,谁是世界经济贸易和金融的"三大支柱"?

第四章

思想文化史

政治、经济、思想文化的相互作用推动着社会的进步。在这个过程中思想文化活动不仅反映着经济和政治的发展变化,还在很多情况下起到推动或阻碍社会前进的作用。透视中国传统文化,我们能解读出民族自豪感,这并不是所有的民族都能找到的精神家园。我们也从欧美近现代文化中,反思到全球视野下知识经济有多么重要。实现中华民族的伟大复兴要用理性,要用智慧,这恰是这一章的使命。

第一节 中国思想文化的演变

一、中国传统文化主流思想的发展

中国有五千年灿烂辉煌的文化,思想文化亦源远流长。中国传统文化的主流思想是儒家思想。儒家思想对中国社会、政治和文化等各方面都有深远的影响,是中华民族宝贵的精神财富。同时它也是世界文明史中极为重要的组成部分。

(一)百家争鸣与儒家思想的形成

奴隶制社会的商周时期,官府垄断了学校教育和一切学术文化。学术和教育为官方所把持,国家有文字记录的法规、典籍文献以及祭祀典礼的礼器全部掌握在官府。只有贵族才有机会接受教育,平民百姓不能进入校门,这种官学合一的文化现象,被称为"学在官府"。"学在官府"是商周时期教育的显著特点,是对商周教育制度的高度概括,也是我国奴隶制社会教育制度的重要特征。春秋战国时期,随着社会变革的发展,教育和学术逐渐下移,从"学在官府"发展为"学在民间",这也为"百家争鸣"局面的出现创造了条件。

1. 百家争鸣及其历史原因

春秋战国时期,中国社会发生重大变革。社会结构急遽变化,社会矛盾异常尖锐,兼并战争接连不断。在这一时期,文化思想空前活跃,出现"百家争鸣"的局面。

"百家争鸣"局面的出现,有其深刻而复杂的社会原因:第一,在经济上,井田制崩溃。铁器的使用和牛耕的推广使生产力大大提高。原有生产方式不能适应生产力发展的需要,而促使井田制走向瓦解;封建经济的迅速发展,为学术文化的繁荣提供了物质条件。第二,在政治上,周王室衰微,士大夫崛起。春秋战国时期是社会大变革时代,各种力量在相互抗衡、较量。对社会变革的现实发表不同的看法,提出改革时弊的各种方案,就必然会出现观点各异的现象;加上新的统治阶级还未有绝对的权威,人们的思想也就不受任何条框的束缚和制约,尽可以畅所欲言。第三,在阶级关系上,"士"阶层的活跃和受重用。各诸侯国都想富国强兵,兼并他国,取代周天子的地位,因而特别地礼贤下士。原本社会地位很低的"士"在社会中活跃起来,受到各个诸侯国的重用。"士"们代表本阶层或政治派别的利益和要求,提出不同的思想和政治主张,希望用自己的思想主张实现治国平天下的政治愿望。第四,在思想文化上,从"学在官府"到"学在民间"。私学的兴起,造就了一大批知识渊博和阅历丰富的文士,同时也为学术繁荣提供了舆论阵地。在社会上,一批以传播文化,发展学术为宗旨的社会力量被称为"诸子百家"。

"百家争鸣"是中国历史上第一次思想解放运动,是中国学术文化、思想道德发展史上的重要阶段。在中国历史上,这一时期是思想和文化最为辉煌灿烂、群星闪烁的时代,奠定了中国思想文化发展的基础。

知识拓展

"百家争鸣"是指春秋战国时期知识分子中不同学派的涌现及各流派争芳斗艳的局面。

"百家",是泛指,意为数量多。当时的学派很多,主要有以下10个学派,分别为儒家、墨家、道家、法家、阴阳家、杂家、名家、纵横家、兵家、小说家。其中儒家、墨家、道家、法家对后世的影响较为深远。

"争鸣",是指当时代表各阶级阶层、各派政治力量的学者或思想家,都希望按照本阶级(层)或本集团的利益和要求,对宇宙对社会对万事万物做出解释。于是,他们著书立说,广收门徒,高谈阔论,互相辩难,争相发表自己的见解。

2. 孔子和儒家思想的兴起

(1) 孔子(图4-1)。

春秋末期,孔子创立了儒家学派。孔子思想的核心是"仁"和"礼"。孔子主张"仁者,爱人","仁"的基本精神是教人根据周礼调整统治阶级内部的矛盾。他认为人们之间应该相互爱护,融洽相处。而要实现"仁",就要做到待人宽容,做到"己所不欲,勿施于人",主张以爱人之心调解与和谐社会人际关系。

孔子主张礼治,反对法治。强调统治者要以德治民,取信于民,爱惜民力,反对苛政与任意戮杀。他希望回到西周的礼乐制度,主张"克己复礼",使每个人的行为符合礼的要求。同时孔子还主张维护等级制度的正名思想。他主张"君君,臣臣,父父,子子"这种合乎"礼"的等级制度。孔子说:"名不正则言不顺,言不顺则事不成,事不成则礼乐不兴,礼乐不兴则刑罚不中,刑罚不中则民无所措手足。"

孔子首创私学,主张"有教无类",认为不论贫富贵贱,人人都有受教育的权利,打破了贵族垄断文化教育的局面。

图4-1 孔子画像

在哲学上,孔子主张天命观。在孔子看来,"天"是宇宙万物无言的主宰者。孔子认为他自己就是秉承天命而说话做事的。孔子说:"吾十有五而志于学,三十而立,四十而不惑,五十而知天命,六十而耳顺,七十而从心所欲,不逾矩。"(《论语·为政》)他把恢复周礼看做是自己的历史使命,说:"凤鸟不至,河不出图,吾已矣夫!"(《论语·子罕》)

知识拓展

孔子(前551—前479),名丘,字仲尼,汉族,春秋时期鲁国陬邑(今山东曲阜市南辛镇)人,先祖为宋国(今河南商丘市夏邑县)贵族。中国古代的大思想家和大教育家、政治理论家,儒家学派的创始人。孔子集华夏上古文化之大成,在世时已被誉为"天纵之圣"、"天之木铎",是当时社会上的最博学者之一,被后世统治者尊为孔圣人、至圣、至圣先师、万世师表,居"世界十大文化名人"之首。

《学而》,子曰:"学而时习之,不亦悦乎?有朋自远方来,不亦乐乎?人不知而不愠,不亦君子乎。"
《学而》,曾子曰:"吾日三省吾身:为人谋而不忠乎?与朋友交而不信乎?传不习乎?"
《为政》,子曰:"温故而知新,可以为师矣。"
《为政》,子曰:"学而不思则罔,思而不学则殆。"
《为政》,子曰:"由,诲汝知之乎!知之为知之,不知为不知,是知也。"
《里仁》,子曰:"见贤思齐焉,见不贤而内自省也。"
《述而》,子曰:"三人行,必有我师焉。择其善者而从之,其不善者而改之。"
《泰伯》,曾子曰:"士不可以不弘毅,任重而道远。仁以为己任,不亦重乎?死而后已,不亦远乎?"
《子罕》,子曰:"岁寒,然后知松柏之后凋也。"
《卫灵公》,子贡问曰:"有一言而可以终身行之者乎?"子曰:"其恕乎!己所不欲,勿施于人。"

(2)战国时期,孟子和荀子是儒家学派的两个代表人物(图4-2、图4-3)。

图4-2 孟子画像　　图4-3 荀子画像

孟子在人性方面,主张性善论。"性善论"是孟子谈人生和谈政治的理论根据,在他的思想体系中是一个中心环节。他认为人生来就具备仁、义、礼、智四种品德,尽管社会成员之间有分工的不同和阶级的差别,但是他们的人性却是同一的。他说,"恻隐之心,人皆有之;羞恶之心,人皆有之;恭敬之心,人皆有之;是非之心,人皆有之。恻隐之心,仁也;羞恶之心,义也;恭敬之心,礼也;是非之心,智也。仁、义、礼、智,非由外铄我也,我固有之也。"人可以通过内省去保持和扩充它,否则将会丧失这些善的品质,因而他要求人们重视内省的作用。

在社会教育方面,孟子继承和发挥了孔子"有教无类"的教育思想。一方面,主张"设为庠序学校以教之"加强学校教育;另一方面,要求当政者要身体力行,率先垂范。"君仁,莫不仁;君义,莫不义;君正,莫不正。"以榜样的力量,教化百姓。孟子很推崇"易子而教"的传统教育方法。

在社会政治观点方面,孟子继承和发展了孔子的德治思想,发展为仁政学说,成为其政治思想的核心。他从历史经验中总结出"暴其民甚,则以身弑国亡。"他反对实行霸道,主张行仁政,争取民心的归附,以不战而服。他提出仁政要建立在统治者的"不忍人之心"的基础上,要拥有"先王有不忍人之心,斯有不忍人之政矣。""亲亲而仁民""老吾老以及人之老,幼吾幼以及人之幼"的同情仁爱之心。但是,这种同情仁爱之心不同于墨子的"兼爱",而是从血缘的感情出发的。

荀子对各家都有所批评,唯独推崇孔子的思想,认为是最好的治国理念。荀子以孔子的继承人自居,特别着重继承了孔子的"外王学"。他又从知识论的立场上批判、总结和吸收了诸子百家的理论主张,形成了富有特色的"明于天人之分"的自然观,"化性起伪"的道德观、"礼仪之治"的社会历史观,并在此基础上,对先秦哲学进行了总结。

孟子、荀子对儒家思想加以总结和改造,又吸收了一些其他学派中积极合理的成分,使儒学体系更加完整,儒家思想更能适应社会的需要。战国后期,儒学发展成为诸子百家中的蔚然大宗。

> **知识拓展**
>
> 　　孟子(约前372—约前289),名轲,字子舆。汉族,东周邹国(今山东省邹城市)人,东周战国时期伟大的思想家、教育家、政治家、文学家、雄辩家。儒家的主要代表之一。在政治上主张法先王、行仁政;孟子继承并发展了孔子的思想,但较之孔子的思想,他又加入自己对儒术的理解,有些思想也较为偏激。被后世尊称为亚圣。
>
> 　　荀子(约前313—前238),名况,赵国猗氏(今山西运城临猗县)人,时人尊而号为"卿",西汉时因避汉宣帝刘询讳,因"荀"与"孙"二字古音相通,故又称孙卿。华夏族(汉族),战国末期赵国人。著名思想家、文学家、政治家,儒家代表人物之一,时人尊称"荀卿"。荀子对儒家思想有所发展,提倡性恶论,对重新整理儒家典籍也有相当显著的贡献。

3. 道家和法家

(1) 道家。

春秋晚期的老子(图4-4),是道家的创始人。老子以"道"解释宇宙万物的演变,认为"道生一,一生二,二生三,三生万物","道"乃"夫莫之命而常自然",因而"人法地,地法天,天法道,道法自然",天下万物的本源是"道"。"道"是一种规律,任何事物的发展都要遵循这种规律(道)。他认为社会动荡的根源在于人们的行为违背了自然,提出了"无为而治"的政治主张。老子的"无为"并不是以"无为"为目的,而是以"有为"为目的。因为根据之前提到的"道","无为"会转化为"有为"。老子的思想中包含大量朴素唯物主义思想,认为事物本身的内部不是单一的、静止的,而是相对复杂和变化的。事物本身即是阴阳的统一体。相互对立的事物会互相转化,即是阴阳转化。

战国时期的庄子(图4-5),继承和发展了老子的思想和学说,主张摈弃一切社会制度和文化知识;在生活态度上,他顺应自然,追求绝对的自由。后世将他与老子并称为"老庄"。他们的哲学思想体系,被思想学术界尊为"老庄哲学"。

图4-4　老子画像　　　　图4-5　庄子画像

> **知识拓展**
>
> 　　老子,姓李名耳,字聃,一字或曰谥伯阳。汉族,楚国人,约生活于公元前571年至公元前471年之间。是我国古代伟大的哲学家和思想家、道家学派创始人,被唐朝帝王追认为李姓始祖。老子乃世

界百位历史名人之一,存世有《道德经》(又称《老子》)。其作品的精华是朴素的辩证法,主张无为而治,其学说对中国哲学发展具有深刻影响。在道教中老子被尊为道教始祖。老子与后世的庄子并称"老庄"。

《道德经》:

道可道,非常道。名可名,非常名。无名天地之始;有名万物之母。

夫兵者,不祥之器,物或恶之,故有道者不处。君子居则贵左,用兵则贵右。兵者不祥之器,非君子之器,不得已而用之,恬淡为上,胜而不美,而美之者,是乐杀人。吉事尚左,凶事尚右。偏将军居左,上将军居右。言以丧礼处之。杀人之众,以悲哀莅之,战胜以丧礼处之。

道生一,一生二,二生三,三生万物。万物负阴而抱阳,冲气以为和。人之所恶,唯孤、寡、不谷,而王公以为称。故物或损之而益,或益之而损。

祸兮,福之所倚;福兮,祸之所伏。

无为而无不为,取天下常以无事;及其有事,不足以取天下。

(2) 法家。

战国末期的韩非子是法家的集大成者(图4-6)。韩非子虽然是荀子的弟子,思想主张却与荀子大相径庭,他没有承袭荀子的儒家思想,却爱好"刑名法术"之学。韩非子主张"不期修古,不法常可"、"世异则事异"、"事异则备变"(《韩非子·五蠹》),就是要根据今天的实际来制定政策。他的历史观为当时地主阶级的改革提供了理论根据,成为法家之集大成者。他创立的法家学说,为中国第一个统一专制的中央集权制国家的诞生提供了理论依据。

韩非子继承和总结了战国时期法家的思想和实践,提出了君主专制中央集权的理论。他主张"事在四方,要在中央;圣人执要,四方来效"(《韩非子·物权》),意思是说国家的大权,要集中在君主("圣人")一人手里,君主必须有权有势,才能治理天下,"万乘之主,千乘之君,所以制天下而征诸侯者,以其威势也"(《韩非子·人主》)。为此,君主应该使用各种手段清除世袭的奴隶主贵族,

图4-6 韩非子画像

"散其党"、"夺其辅"(《韩非子·主道》);同时,选拔一批经过实践锻炼的封建官吏来取代他们,"宰相必起于州部,猛将必发于卒伍"(《韩非子·显学》)。韩非子还主张改革和实行法治,要求"废先王之教"(《韩非子·问田》),"以法为教"(《韩非子·五蠹》)。他强调制定了"法",就要严格执行,任何人也不能例外,做到"法不阿贵""刑过不避大臣,赏善不遗匹夫"(《韩非子·有度》)。他还认为只有实行严刑重罚,人民才会顺从,社会才能安定,封建统治才能巩固。

韩非子的这些主张,反映了新兴封建地主阶级的利益和要求,为结束诸侯割据,建立统一的中央集权的封建国家,提供了理论依据。秦始皇统一中国后采取的许多政治措施,就是韩非子理论的应用和发展。

(二) 罢黜百家,独尊儒术

1. 从"无为"到"有为"

秦朝末期,战火频繁,社会经济破坏严重。汉初,统治者为了恢复生产和稳定民心,采取了道家的"无为而治"的思想,施行与民休息的政策。经过六十多年的休养生息,汉朝的经济实力逐渐恢复和增强,人民生活安定,社会繁荣,国力日盛。但是社会也潜伏着危机,诸侯国的势力日益膨胀,土地兼并剧烈,匈奴为患,威胁着汉室的稳定。为了加强中央集权,适应国家统一发展形势,积极有为的思想成为时代的需要。

2. "罢黜百家,独尊儒术"思想的提出

公元前134年,汉武帝下诏征求治国方略。董仲舒应汉武帝加强中央集权的需要,提出"春秋大一统"和

"罢黜百家，独尊儒术"的政治主张。

董仲舒是汉代儒家学派的代表人物（图4-7）。他在一个新的历史时期融会贯通了中国古典文化中各家各派的思想，取各家所长，把它们整合为一个崭新的思想体系。他在著名的《举贤良对策》中系统地提出了"天人感应"、"大一统"学说和"罢黜百家，表彰六经"的主张。董仲舒认为，"道之大原出于天"，自然、人事都受制于天命，因此反映天命的政治秩序和政治思想都应该是统一的。然而要维护政治的统一，必须实行思想上的统一。

董仲舒的阴阳五行学说，用阴阳的流转与四时相配合，认为五行是天道的表现，进而把这种阳尊阴卑的理论用于社会，从此而推论出"三纲五常"。这里所说的"三纲"是"君为臣纲，父为子纲，夫为妻纲"，而"五常"则为仁、义、礼、智、信五种为人处世的标准，十分利于巩固军权，维护统治秩序。

图4-7 董仲舒画像

董仲舒的儒家思想大大维护了汉武帝的集权统治，十分受汉武帝的赏识，也为当时社会政治和经济的稳定做出了一时的贡献。汉武帝接受了他"罢黜百家，独尊儒术"的建议，并付诸实行。

知识拓展

董仲舒（前179—前104），西汉思想家，儒学家，西汉时期著名的唯心主义哲学家和今文经学大师。汉景帝时任博士，讲授《公羊春秋》。他的著作汇集为《春秋繁露》一书。

3. 儒学成为正统

汉武帝起用很多儒学家参与国家大政。他规定，地方政府定期选出孝子、廉吏到中央任官，甚至还擢升平民、儒士为相。这样，儒家学说成为政府选拔人才、任官授爵的标准。士人纷纷研习儒家经典，儒学得以大兴。

从汉武帝时起，儒家经典成为国家规定的教科书。公元前136年，汉武帝正式规定《诗》《书》《礼》《易》《春秋》为"五经"，并设立专事研究和传播五经的教官，称为"博士"。自此，教育为儒家所垄断。

公元前124年，汉武帝根据董仲舒的建议，兴办太学，规定太学生员为博士弟子，一律由儒家五经博士负责教授，学完经考试合格后即可到政府任官。太学的兴办，打破了以往由贵族官僚世代为官的陈规，使非贵族官僚家庭的弟子也可凭太学资格做官；同时也大大提高了儒学的地位。西汉末年，太学生达到数千人，东汉时曾达到三万余人。

除太学外，汉武帝还下令在全国各郡县设立学校，初步建立地方教育系统。这样，儒学于各郡县得到推广，在民间开始处于独尊的地位。

此后，儒家思想成为历代统治者推崇的正统思想，逐渐成为两千多年来中国传统文化的主流。

（三）宋明理学

1. 三教合一

汉武帝以后，儒学在统治者的大力倡导之下呈现繁荣之势。魏晋南北朝时期，佛教、道教盛行（图4-8）。儒学吸收佛教、道教的精神，有了新的发展。佛教吸收儒学精髓，趋近于本土化。道教也受到儒学的影响，主张"贵儒"又"尊道"。

图4-8 悬空寺

隋朝时期，儒学家提出"三教合归儒"，又称"三教合一"。主张以儒学为主,调和并吸收佛教和道教的理论。唐朝时期,统治者奉行"三教并行"政策,儒学的地位受到挑战。

知识拓展

从汉末到魏晋南北朝时期,政治黑暗,时局动荡不安,民不聊生。士人对儒家思想产生怀疑,积极入仕的思想大受打击。普通百姓在现实生活中找不到出路,寄心于宗教,寻求心灵的慰藉,于是各种宗教开始盛行。那时,从王公贵族到黎民百姓都十分崇信宗教,纷纷皈依佛门,甚至皇帝都"舍身"佛寺。"南朝四百八十寺,多少楼台烟雨中",这是唐朝诗人杜牧有感于南朝佛寺兴盛所作的诗,也生动地描绘出当时佛寺的盛行。

悬空寺,位于山西省浑源县城南四公里恒山金龙峡的悬崖峭壁间,始建于北魏太和十五年(公元491年),迄今已有1500多年的历史,是国内现存唯一的佛、道、儒"三教合一"的独特寺庙。

2. 程朱理学

程朱理学是宋明理学的一派,有时会被简称为理学,与心学相对。北宋时,儒家学者展开了复兴儒学、抨击佛道的活动;同时,他们又冲破汉唐儒学的束缚,融合了佛道思想来解释儒家义理,形成了以"理"为核心的新儒学体系——"理学"。"理学"是儒、道、佛三教合一的产物,是儒家思想汲取道教、佛教的有益内容,并注入哲学因素,囊括天人关系,形成更为理性化、思辨化的思想体系。其中北宋时的程颢、程颐两兄弟和南宋时的朱熹,成就最为突出,因而"理学"也称为"程朱理学"。

周敦颐是宋明理学之鼻祖,为宋明理学发展奠定了基础,为"二程"的老师,其对朱熹的思想形成有着重要影响。周敦颐著作《太极图说》被视为理学之大纲。

程颢、程颐(图4-9),确定了理学的最高范畴"天理"。"天理"是宇宙万物的本原,万物只有一个天理。程氏主张先理后物,这是理学的核心思想。同时,他们把天理和伦理道德直接联系起来,认为"人伦者,天理也","父子君臣,天下之理"。

"二程"提出"格物致知"的认识论,认为"物皆有理",只有深刻探究万物,才能真正得到其中的"理"。他们把知识、道德和天理联系起来,认为"进学则在致知","穷理格物",掌握天下之理,达到对普遍天理的认识。

图4-9 程颢、程颐画像

图4-10 朱熹画像

朱熹(图4-10)为集理学之大成者。朱熹在历史上被誉为一代儒学宗师,他将儒家思想推向了更高的境界,使其成为儒家发展史上的一个里程碑,地位仅次于孔子和孟子。儒学发展到理学阶段以后,已带有浓厚的禁欲主义色彩。朱熹认为"天理"构成了人的本质,在人间即是封建的等级秩序和道德规范,或以"三纲五常"为核心的封建伦理道德。他认为,"人欲"是超出维持人之生命的欲求和违背礼仪规范的行为,是与天理相对的,因此他强调"存天理，灭人欲"。朱熹更认为，"物"，指天理、人伦、圣言、世故；"格物致知"的目的在于明道德之善，而不是求科学之真。

程朱理学适应统治阶级的政治需要，备受推崇，成为南宋以后长期居于统治地位的官方哲学，有力地维护了封建专制统治。朱熹所编著的《四书章句集注》，成为后世科举考试的教科书。

知识拓展

程颢（1032—1085），字伯淳，又称明道先生；程颐（1033—1107），字正叔，又称伊川先生，被世人称为"二程"，是北宋著名的理学家和教育家。

朱熹（1130—1200），字元晦，一字仲晦，号晦庵、晦翁、考亭先生、云谷老人、沧州病叟、逆翁，别号紫阳。南宋著名的理学家、思想家、哲学家、教育家、诗人、闽学派的代表人物，世称朱子，是孔子、孟子以来最杰出的弘扬儒学的大师，也是儒学的转折点。

3. 陆王心学

"陆王心学"是由儒家学者陆九渊（图4-11）、王阳明（图4-12）发展出来的心学的简称，或直接称"心学"。陆王心学一般认为肇始孟子、兴于程颢、发扬于陆九渊，由王守仁集其大成。

图4-11　陆九渊画像　　图4-12　王阳明画像

南宋时，针对朱熹等人的"理"在人心之外，陆九渊提出"心即理"；针对朱熹"即物"才可"穷理"的理论，陆九渊提出更为便捷的"发明本心"的主张。他认为"人心至灵，此理至明；人皆具有心，心皆具是理"、"宇宙便是吾心，吾心便是宇宙"、"宇宙内事是己分内事，己分内事是宇宙内事"。他认为人们的心和理都是天赋的，永恒不变的，仁义礼智信等也是人的天性所固有的，不是外铄的。学的目的就在于穷此理，尽此心。人难免受物欲的蒙蔽，受了蒙蔽，心就不灵，理就不明，必须通过师友讲学，切磋琢磨，鞭策自己，以恢复心的本然。修养功夫在于求诸内，存心养心。具体方法是切己体察，求其放心，明义利之辨。自称这种方法为"简易功夫"，是"立乎其大者"，是"知本"，是"明本心"。

到明代中期以后，阶级矛盾日益尖锐，社会动荡不安，封建专制统治陷入危机。王阳明认为，社会动乱的原因是人心破坏所致，若要挽救政治，只有通过整治人心。王守仁提出"心外无物""心外无理"的命题，继承陆九渊强调"心即是理"之思想，反对程颐朱熹通过事事物物追求"至理"的"格物致知"方法，因为事理无穷无尽，格之则未免烦累，故提倡从自己内心中去寻找"理"，认为"理"全在人"心"，"理"化生宇宙天地万物，人秉其秀气，故人心自秉其精要。他认为，良知是存在于人心的天理，是人所固有的善性，但良知往往被私欲侵蚀，所以要努力加强道德修养。在知与行的关系上，强调要知，更要行，知中有行，行中有知，而知和行都产生于心，用良心支配自己的行为实践。所谓"知行合一",二者互为表里,不可分离;知必然要表现为行,不行则不能算真知。

明朝中期以后,陆王心学得到广泛传播。宋明理学经过几百年的发展,对中国社会的政治、文化教育以及伦理道德都产生了深远影响。

知识拓展

陆九渊(1139—1193)号象山,字子静,书斋名"存",世人称存斋先生,著名的理学家和教育家,是宋明两代"心学"的开山祖。

王守仁(1472—1529)幼名云,字伯安,汉族,学者称之为阳明先生。谥文成,人称王阳明。明代最著名的思想家、文学家、哲学家和军事家,陆王心学之集大成者。

(四)明清之际活跃的儒家思想

1. 李贽的离经叛道

图4-13 李贽画像

明朝后期,中国社会内在矛盾空前尖锐,社会吏治腐败,奸佞当道。道学家为抬高自己,把孔子奉为"扶天纲,立地纪"的神圣。政治清廉的思想家李贽(图4-13),为官二十多年,目睹了官场的污浊和道学家的伪善,不愿与他们同流,形成离经叛道的不羁性格。他自称为异端,指出孔子不是天生圣人,儒家经典也不是神圣不可侵犯的理论。他认为是非标准依照时代变化而变化,反对以孔子的是非为标准。

李贽大胆地向正统思想发出挑战。他批判道学家"存天理,灭人欲"的虚假说教,强调人正当的私欲。他认为穿衣吃饭就是"人伦物理",人不能脱离基本的物质生活去空谈仁义道德。李贽的思想在一定程度上反映了资本主义萌芽时期的要求。同时,江南一带的市民工商业者已有相当强的经济实力,成为社会上不可忽视的力量。

知识拓展

李贽(1527—1602),明代官员、思想家、禅师、文学家,泰州学派的一代宗师。初姓林,名载贽,后改姓李,名贽,字宏甫,号卓吾,别号温陵居士、百泉居士等。他在社会价值导向方面,批判重农抑商,扬商贾功绩,倡导功利价值,符合明中后期资本主义萌芽的发展要求。李贽著有《焚书》、《续焚书》、《藏书》等。

2. 黄宗羲对君主专制的抨击

黄宗羲(图4-14)是明清之际的进步思想家。他在明亡后,投入抗清斗争;抗清失败后,致力于著书讲学。黄宗羲从明亡的历史中看到了封建专制的腐朽,对君主专制进行猛烈抨击,尖锐地揭露君主专制,认为其是天下之大害,对以后的反对专制斗争起了积极的推动作用。

黄宗羲从"民本"的立场来抨击君主专制制度,提出"天下为主,君为客"的民主思想。他说"天下之治乱,不在一姓之兴亡,而在万民之忧乐",认为设立君主的本来目的是为了"使天下受其利","使天下释其害",君主的义务是首要的,权利是为履行其义务服务的。他认为要限制君主的权力,而限制君权首先就要明辨君臣关系。他认为,"臣之与君,名异而实同",都是共同治理天下的人。因此,君主就不应该高高在上,处于独尊的地位。君臣应该尽自己应尽的责任,即为天下兴利除害。他主张以"天下之法"取代皇帝的"一家之法",从而限制君权,保证人民的基本权利。他对传统的"君为臣纲","君要臣死,臣不得不死"的封建纲常无疑是一个有力的冲击。同时他提出的设立宰相以及使学校成为舆论、议程的场所,都是限制君权的措施。

图 4-14 黄宗羲画像

知识拓展

黄宗羲(1610—1695),明末清初经学家、史学家、思想家、地理学家、天文历算学家、教育家。东林七君子黄尊素长子,汉族,浙江绍兴府余姚县人。字太冲,一字德冰,号南雷,别号梨洲老人、梨洲山人、蓝水渔人、鱼澄洞主、双瀑院长、古藏室史臣等,学者称梨洲先生。黄宗羲学问极博,思想深邃,著作宏富,与顾炎武、王夫之并称明末清初三大思想家(或清初三大儒);与弟黄宗炎、黄宗会号称浙东三黄;与顾炎武、方以智、王夫之、朱舜水并称为"明末清初五大家",亦有"中国思想启蒙之父"之誉。

黄宗羲一生著述大致依史学、经学、地理、律历、数学、诗文杂著为类,多至50余种,300多卷,其中最为重要的有《明儒学案》、《宋元学案》、《明夷待访录》、《孟子师说》、《葬制或问》、《破邪论》、《思旧录》、《易学象数论》、《明文海》、《行朝录》、《今水经》、《大统历推法》、《四明山志》等。黄宗羲生前曾自己整理编定《南雷文案》,又删订为《南雷文定》、《文约》。黄宗羲的《明儒学案》以及其后开始草创,并由后人和学生共同合作完成的《宋元学案》这两部著作在中国史学史上有非常重要的地位,他开创了中国史学上的新体裁,即"学案体"。学案体以学派分类的方式介绍一定时代的学术史,这种体裁被清人取用,成为编写中国古代学术史的主要方式。

3. 顾炎武倡导经世致用

著名思想家顾炎武也生活在明末清初。明末统治者日益腐败,朝政混乱。对日益严峻的社会危机,顾炎武放弃科举,开始探索挽救国家危亡的途径。

顾炎武重视对社会实际情况的了解,形成了经世致用的思想。他主张走出家门,到实践中求真知,力求解决国计民生中的现实问题。他到过许多州县,进行实地考察,写成巨著《天下郡国利病书》。这部书记述了山川形胜,物产风俗,民生利弊,有很高的使用价值。顾炎武以他经世致用的学风和锲而不舍的学术实践,开一代朴实学风的先河。

4. 王夫之的唯物思想

与黄宗羲、顾炎武同时代的王夫之,也是一位进步思想家。他继承了以前思想家的唯物思想,并加以发展。

王夫之认为世界是物质的,一切事物都是客观存在的实体;物质是不断变化的,其发展变化有规律可循。在认识论方面,他认为主观的认识是由客观对象引起的,一切事物通过考察研究都是可以认识的。他还认为静止是相对的,运动是绝对的,均有朴素的辩证法思想。王夫之的唯物思想启迪了近代人的思维方法,具有划时代的意义。

明末清初,黄宗羲、顾炎武和王夫之三位进步思想家对传统儒学的批判继承,促使我国传统文化重新焕发了生机,对后世产生了巨大影响。

二、近代中国思想解放的潮流

(一) 从"师夷长技"到维新变法

1. 开眼看世界

清末,"闭关锁国"并做着"天朝上国"美梦的中国逐步落后于世界大潮,但是在外贸中,中国一直处于出超地位。为了扭转对华贸易逆差,英国开始向中国走私鸦片,获取暴利。当英国鸦片走私船开始频繁出没于中国东南海域的时候,清朝君臣只是习惯地称他们为"岛夷",对岛夷的情况却一无所知。

1838年(清道光十八年)冬,道光帝派湖广总督林则徐(图4-15)为钦差大臣,赴广东查禁鸦片。林则徐在广东主持禁烟期间,为了解对手,设立译馆,将"所得夷书,就地翻译",编译出《四洲志》、《各国律例》等资料。《四洲志》介绍世界三十余国的地理、历史和政情,是近代中国第一部系统的世界地理志。林则徐成为近代中国开眼看世界的第一人。

 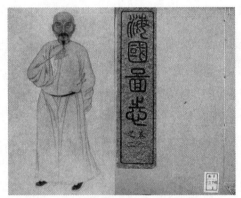

图4-15　林则徐画像　　　图4-16　魏源画像及《海国图志》

1842年,魏源(图4-16)完成林则徐的嘱托,在《四洲志》的基础上,编撰出《海国图志》,这是当时介绍西方历史地理最翔实的专著。魏源在该书序言中,阐述了"师夷长技以制夷"的思想。他认为,夷之长技有三:战舰、火器、养兵练兵之法,明确了向西方学习的具体内容、方法和目的,提倡创办民用工业,允许私人设立厂局,自行制造与销售轮船、火器等,使国家富强。他主张革新,要求"去伪、去饰、去畏难、去养痈、去营窟";"以实事程实功,以实功程实事。"引导着人们关注世界形势,对当时的思想解放有重要的启迪作用。此后,介绍世界知识的书籍也接连出版。

知识拓展

林则徐(1785—1850),福建省侯官(今福州市区)人,字元抚,又字少穆、石麟,晚号俟村老人、俟村退叟、七十二峰退叟、瓶泉居士、栎社散人等,是中国清朝后期政治家、思想家和诗人,官至一品,曾任湖广总督、陕甘总督和云贵总督,两次受命钦差大臣;因其主张严禁鸦片、抵抗西方列强的侵略,在中国有"民族英雄"之誉。

魏源(1794—1857),清代启蒙思想家、政治家、文学家,近代中国"睁眼看世界"的先行者之一。名远达,字默深,又字墨生、汉士,号良图,汉族,湖南邵阳隆回人。道光二年举人,二十五年始成进士,官高邮知州,晚年弃官归隐,潜心佛学,法名承贯。魏源认为论学应以"经世致用"为宗旨,提出"变古愈尽,便民愈甚"的变法主张,倡导学习西方先进科学技术,总结出"师夷之长技以制夷"的新思想。

2. "中学为体,西学为用"

第二次鸦片战争结束后,面对内忧外患的形势,清政府内部以曾国藩、李鸿章、左宗棠为代表的洋务派,认为"中国文物制度,事事远于西人之上,独火器不能及"。于是,他们提出"中学为体,西学为用""师夷长技以自强"的思想。

"中学为体,西学为用"是洋务派的指导思想,张之洞在其著作《劝学篇》中全面论述了这一思想。"中学"是指以孔孟之道为核心的儒家学说;"西学"是指近代西方的先进科技。"西学"为"中体"服务。这就是说,洋务派肯定封建制度,强调以封建纲常伦理作为国家安身立命的根本,同时主张采用西方先进科学技术,目的是挽救江河日下的封建统治。洋务派将魏源提出的"师夷长技"的思想,付诸实践,创办了一批近代企业,开设了一批新式学堂,迈出了中国近代化历程的第一步。

知识拓展

同文馆(图4-17)是清代最早培养译员的洋务学堂和从事翻译出版的机构。咸丰十年(1860年)清政府成立总理各国事务衙门,作为综理洋务的中央机关。同时恭亲王奕䜣等人建议在总理各国事务衙门下设立同文馆。

图4-17 同文馆旧址

3. 维新变法思想

随着洋务运动的展开和中国资本主义的产生,出现了一批具有早期维新思想的知识分子,代表人物有王韬、郑观应等。他们在经济上主张发展民族工商业,与外国进行商战;在文化上主张兴办学校,学习西方自然科学知识;在政治上主张革新,实行君主立宪制度。早期维新派还没有形成完整的理论。

19世纪90年代初,维新思想有了进一步发展。这时的主要代表人物有康有为(图4-18)、梁启超(图4-19)、严复等。康有为在广州办万木草堂,宣传新思想。他撰写《新学伪经考》,将封建统治者奉为儒学正统的顾

图4-18 康有为画像　　图4-19 梁启超画像

问经典斥为伪书。这就从根本上动摇了封建统治者恪守祖训、反对变法的理论基础。他还在《孔子改制考》一书中,宣称孔子是托古改制、主张变革的先师,说孔子假托古圣先王尧、舜、禹的言论来宣传自己的政治观点。

图4-20 戊戌六君子

这样,康有为借助经学的外衣,否定君主专制统治,宣传维新变法的必要性和合理性。康有为的观点有力地抨击了坚持"天不变,道亦不变"的封建顽固势力。他的这一思想被称为是"思想界之一大飓风"、"火山大喷火"。

梁启超发表《变法通议》,抨击封建专制制度的危害和顽固派的因循守旧,宣传伸民权、设议院、变法图存的思想。他说"法者天下之公器,变者天下之公理",只有变法才能图存。严复指出封建君主皆为"大盗窃国",主张国家属于人民,王侯将相是人民的公仆。

1898年,在维新思想的推动下,光绪帝实行变法,这就是戊戌变法(图4-20)。这次变法虽然很快就失败了,但资产阶级维新派反对封建专制,主张兴民权,提倡新学,起到思想启蒙的作用,促进了人民的觉醒,是中国近代一次思想解放的潮流。

知识拓展

戊戌变法指1898年(农历戊戌年)以康有为为首的改良主义者通过光绪皇帝所进行的资产阶级政治改革,是中国清朝光绪年间的一项政治改革运动。主要内容是:学习西方,提倡科学文化,改革政治、教育制度,发展农、工、商业等。这次运动遭到以慈禧太后为首的守旧派的强烈反对,九月慈禧太后等发动政变,光绪被囚,维新派康有为梁启超分别逃往法国和日本。谭嗣同等6人(戊戌六君子)被杀害,历时仅一百零三天的变法终于失败,因此戊戌变法也叫百日维新。

(二) 新文化运动与马克思主义的传播

1.《新青年》的诞生

1911年,辛亥革命爆发,推翻了清朝封建统治,民主、自由、平等、博爱等得到进一步传播。第一次世界大战期间,中国资本主义有了进一步发展。资产阶级强烈要求冲破封建牢笼,实行民主制度,但是窃取大总统之位的袁世凯却梦想恢复帝制。他废除临时约法,实行独裁统治,还在文化领域掀起了一股尊孔复古的逆流。以陈独秀为代表的中国先进分子奋起反击,力图"根本之救亡",新文化运动应运而生。

1915年,陈独秀在上海创办《青年杂志》,并在创刊号上发表《敬告青年》一文,提倡民主与科学,反对封建文化,揭开了新文化运动的序幕。《青年杂志》从第二卷起,改名《新青年》(图4-21)。1917年,著名教育家蔡元培任北京大学校长。他锐意改革,实行"思想自由,兼容并包"的办学方针,推动了新文化运动的发展。陈独秀(图4-22)、李大钊(图4-23)、胡适、鲁迅等一批具有新思想的学者纷纷到北大任教,北大学术思想空前繁荣。同时,《新青年》编辑部迁到北京,李大钊、胡适、鲁迅等成为《新青年》的编辑和主要撰稿人。当时,新青年每期发行达 万六千多份,读者称它为青年界的"良师益友","青年得此,如清夜闻钟,如当头一棒"。这样,《新青年》成为新文化运动的主要阵地,北大成为新文化运动的主要活动基地。

图4-21 《新青年》

图 4-22　陈独秀　　图 4-23　李大钊

知识拓展

陈独秀（1879—1942），原名庆同、官名乾生、字仲甫、号实庵，安徽怀宁人。中国新文化运动的发起人和旗帜，中国文化启蒙运动的先驱，五四运动的总司令，中国共产主义运动的先行者，中国共产党创始人，中共早期最高领导人。

李大钊同志是中国共产主义的先驱，伟大的马克思主义者、杰出的无产阶级革命家、中国共产党的主要创始人之一。

2. 新文化运动

新文化运动为20世纪早期中国文化界中，由一群受过西方教育的人发起的一次"反传统、反孔教、反文言"的思想文化革新运动。这一时期，帝国主义加紧对中国的侵略，国内军阀统治日趋黑暗。同时中国民族资本主义得到进一步发展，民族资产阶级力量壮大，登上政治舞台，强烈要求实行民主政治，发展资本主义。特别是辛亥革命后，西方启蒙思想得到进一步传播，民主共和的思想深入人心。1919年5月4日前夕，陈独秀在其主编的《新青年》杂志上刊载文章，提倡民主与科学，批判守旧落后的中国文化，传播马克思主义思想。新文化运动提倡民主与科学，反对专制和愚昧、迷信。"民主"，是指民主思想和民主制度。"科学"，是指科学精神和近代自然科学法则。陈独秀号召青年，以民主和科学并重，拿出"利刃断铁"的气魄，"战胜恶社会"。新文化运动还提倡新道德，反对旧道德。陈独秀抓住旧道德为封建政治服务的本质，一针见血地指出："主张尊孔，势必立君，主张立君，势必复辟"，"孔教与共和……存其一必废其一。"新文化运动期间，有人甚至提出"打倒孔家店"的口号。

新文化运动也是一场文学革命，它提倡新文学，反对旧文学。1917年，胡适（图4-24）在《新青年》上发表《文学改良刍议》，提出写文章"须言之有物"，"不作无病之呻吟"；主张用白话文代替文言文。他认为，新文学的语言是白话的，文体是自由的，这样就可以注入新内容、新思想。随后，陈独秀发表《文学革命论》，主张推倒陈腐、雕琢、晦涩的旧文学，建设新鲜、平易、通俗的新文学。文学革命由此开始。鲁迅（图4-25）写出《狂人日记》、《孔乙己》等小说，深刻揭露封建礼教"吃人"的本质，提出"将来容不得吃人的人活在世上"。鲁迅把反封建内容与白话文形式有机地结合起来，成为新文学的典范。

新文化运动猛烈地冲击了封建思想的统治地位，使人们的思想，尤其是青年人的思想得到空前的解放；中国知识分子在运动中受到一次民主与科学的洗礼，也为马克思主义在中国的传播创造了有利的条件。

图 4-24　胡适　　　图 4-25　鲁迅

知识拓展

鲁迅在短篇小说、散文、散文诗、历史小说、杂文各种类型的创作中,都有自己全新的创造。1918年5月15日,鲁迅先生在《新青年》杂志上首次以"鲁迅"为笔名发表了文学史上第一篇白话小说《狂人日记》,推进了现代文学的发展。

《呐喊》、《彷徨》中的小说是鲁迅对现实社会人生的冷峻的刻画,意在警醒沉睡的国民,《朝花夕拾》中的散文则是鲁迅将内在的苦闷,化为了超世俗的想象,使《野草》成了中国现代主义文学中的一朵奇葩。鲁迅曾对别人说:"我的哲学都在'野草'里。"鲁迅最内在的情绪体验和最玄妙的哲理性感悟,通过这种奇特的艺术手段传达出来。鲁迅晚年还完成了一部小说集《故事新编》(1936 年出版)。《补天》可以被认为是一部中华民族的"创世纪"。鲁迅的《故事新编》以荒诞的手法表现严肃的主题,创立了一种完全新型的历史小说的写法。

从五四起,鲁迅就开始用杂文的形式与反对新文化的各种不同的论调进行斗争。鲁迅说,杂文是"感应的神经",它能够"对于有害的事物,立刻给以反响或抗争",从而为新文化、新思想的发展在旧文化、旧思想的荆棘丛莽中开辟出一条蜿蜒曲折的道路。鲁迅的杂文为中国散文的发展开辟了一条更加宽广的道路。鲁迅杂文在中国现代文学史上的地位是不容抹煞的。

艺术方面,鲁迅1931年在上海倡导发起了中国新兴木刻版画运动,当时处在中国版画历史的衰退期,因此新兴版画运动可以说是中国版画的复兴运动。版画以艺术家和革命者的双重身份出现,以艺术作为战斗武器,在思想教育战线上发挥了它的巨大作用。鲁迅提倡的新兴版画,又是当时中国左翼文艺运动的组成部分,和中国人民的革命事业有着不可分割的内在联系,从而形成了中国新兴版画运动的鲜明特色。

3. 马克思主义传入中国

当新文化运动开展得如火如荼之时,俄国十月革命的一声炮响,给中国送来了马克思主义。1918年,李大钊发表《法俄革命之比较》、《庶民的胜利》和《布尔什维主义的胜利》等文章,指出:1917年的俄国革命,"是利于社会主义之上的革命","是20世纪中世界革命之先声","须知今后的世界,变成劳工的世界"。他主张学习俄国,改造中国,"非把知识阶级同劳工阶级打成一气不可"。他号召知识分子到工农群众中去做宣传和组织工作,培植革命力量。在中国,李大钊率先举起社会主义旗帜。

1919年，五四运动爆发，大大促进了马克思主义的传播。这一年，李大钊为《新青年》主编《马克思研究专号》，刊登一批介绍马克思主义和俄国革命的文章。其中，李大钊的《我的马克思主义观》，比较全面地介绍了马克思主义。随后，一批研究马克思主义的社团出现，如北京的"马克思学说研究会"、湖南的"俄罗斯研究会"等。陈独秀、毛泽东、邓中夏、蔡和森、瞿秋白、周恩来等一批先进的中国人成为马克思主义者，他们开始用马克思主义指导中国革命，并建立了一些中国共产党的早期组织。这些组织创办工人补习学校，向工人宣传马克思主义，还出版面向工人的刊物如《劳动界》、《劳动者》和《劳动音》，深受工人欢迎。

1921年，以马克思主义为指导的工人阶级政党——中国共产党诞生。

三、20世纪以来，中国重大思想理论成果

（一）三民主义的形成和发展

1. 三民主义的提出

鸦片战争以后，民族危机不断加深。许多先进的中国人提出不同的救国主张。这些主张，都想在维护或基本保持封建制度的前提下，通过各种改良，使中国免遭列强侵略、摆脱危机。但是，在无情的社会现实面前，这些方案屡屡碰壁。19世纪末，当中国面临瓜分危机的时候，以孙中山（图4-26）为代表的资产阶级革命派登上历史舞台。

1895年，孙中山在广州发动起义。起义失败后，孙中山遭到通缉，被迫流亡海外。在英国，他一边学习西方资产阶级政治理论，一边考察西方社会政治，大大丰富了民主革命思想。1905年，孙中山同黄兴、宋教仁等在日本东京组建了中国同盟会。在《中国同盟会总章》中，孙中山提出同盟会纲领"驱除鞑虏，恢复中华，创立民国，平均地权"。不久，他又在《民报·发刊词》上，将这个纲领进一步阐发为以建立资产阶级民主共和国为目标的"民族"、"民权"、"民生"三大主义，作为革命的指导思想。民族主义即"驱除鞑虏，恢复中华"，就是用革命手段推翻帝国主义支持的清朝封建统治；民权主义指"创新民国"，就是通过政治革命，推翻封建帝制，建立资产阶级民主共和国；民生主义即"平均地权"，主张核定地价，现有地价归原主所有，革命后因社会进步所增长的地价归国家所有，由国民共享。

图4-26 孙中山

"三民主义"是孙中山受到美国林肯的"民有、民治、民享"思想启迪，实地考察西方政治制度、经济生活和社会现状后，提出的民主革命纲领。尽管当时的三民主义带有明显的时代局限和阶级局限，但表达了资产阶级在政治、经济上的利益和要求，反映了中国人民实现民族独立和民主权利的愿望，是辛亥革命的重要理论指导。

2. 三民主义的实践

1911年，辛亥革命爆发，建立了中华民国，推翻了清朝的封建统治。辛亥革命的成功，是孙中山资产阶级民主革命思想的一次实践。1912年，孙中山根据三民主义思想原则，领导制定并颁布了《中华民国临时约法》，确认国家主权属于全体国民，国民在政治上一律平等。它对建立资产阶级共和制度、反对封建专制制度具有进步意义。

袁世凯窃取中华民国临时大总统之位后，实行独裁统治，企图复辟帝制。孙中山开始了捍卫民主共和的斗争。他先后领导发动了"二次革命""护国运动"和两次"护法运动"，但都以失败告终。孙中山逐渐认识到，过去的办法行不通了，为救国必须寻求新途径、新力量。

3. 旧三民主义发展为新三民主义

俄国十月革命的胜利，使处于苦闷与彷徨中的孙中山先生看到希望。他热烈欢迎十月革命，共产国际和中国共产党也向他伸出援助之手。在共产国际和中国共产党的影响与帮助下，孙中山决定吸收共产党员参加国民党，改组国民党。1924年1月，中国国民党第一次全国代表大会通过宣言，接受中国共产党的反帝反封建主张，实际上确立了"联俄、联共、扶助农工"三大政策，重新解释了三民主义，把旧三民主义发展为新三民主义。

孙中山指出,新三民主义的民族主义,有两方面含义:一为中国民族自求解放;二为中国境内各个民族一律平等。民权主义则指民权为一般平民所共有,凡真正反对帝国主义之个人及团体,均得享有一切自由及权利。民生主义指平均地权,节制资本,实行"耕者有其田"的政策。

新三民主义与旧三民主义相比,有了质的飞跃,尽管它在内容上仍属于资产阶级民主主义范畴,但和中国共产党的民主革命纲领有着基本相同的革命目标,即反对帝国主义侵略,反对封建军阀统治,这成为国共合作的政治基础和国民革命时期的旗帜。此后,轰轰烈烈的国民革命在全国展开。

(二) 毛泽东思想

1. 革命道路的探索

图4-27 毛泽东

五四运动时期,毛泽东(图4-27)来到北平,结识了李大钊、陈独秀等人,阅读当时所能见到的共产主义书籍。他回到湖南后,创办《湘江评论》,宣传马克思主义,逐渐成为马克思主义者。1921年,毛泽东出席了中国共产党第一次全国代表大会,是中国共产党的缔造者之一。

从中国共产党创建到国民革命时期,毛泽东进行了广泛调查研究,运用马克思主义基本原理,深刻分析中国社会形态和阶级状况。他撰写了《中国社会各阶级的分析》、《湖南农民运动考察报告》等文章,提出坚持无产阶级对民主革命的领导权和依靠农民进行革命斗争的主张。

国民革命失败后,中国共产党进入独立领导武装斗争夺取政权的时期。鉴于以城市为中心开展武装斗争一再失败的教训,毛泽东以马克思主义基本原理为指导,创造性地提出符合中国国情的"农村包围城市,武装夺取政权"的革命思想,以及"星星之火,可以燎原"等理论,为中国革命指明方向。

2. 毛泽东思想的形成

抗日战争时期,毛泽东集中全党智慧,先后发表了《论持久战》、《新民主主义论》、《论联合政府》等文章,在分析中国国情的基础上,对中国革命的历史进程做了详尽完整的论述。他指出,中国当时的社会性质,决定了中国革命必须分两步走:第一步是民主主义革命,第二步是社会主义革命。毛泽东创造性地提出新民主主义革命的科学概念,描绘了新民主主义社会的蓝图及前景。

到抗日战争结束前后,毛泽东关于中国革命的论述已经形成比较完整的理论体系。在1945年召开的中共七大上,毛泽东思想被确立为党的指导思想。毛泽东思想是马克思主义同中国具体国情相结合的产物,是马克思主义的中国化。

3. 毛泽东思想的发展

在中国革命即将取得全国胜利前夕,毛泽东为全党提出了新的目标。1949年,在中国共产党七届二中全会上,毛泽东作了重要报告,指出:从现在起,党的工作重心必须由乡村转移到城市,以恢复和发展生产事业为一切工作的中心。他还提出促进革命取得全国胜利的方针,规定了革命胜利后,党在政治、经济、外交方面的基本政策,以及中国由农业国转为工业国,由新民主主义转变为社会主义的总任务。同时,毛泽东发表了《论人民民主专政》一文,全面总结了中国革命的经验,规定了即将建立的人民共和国的政权性质是工人阶级(经过共产党)领导的、以工农联盟为基础的人民民主专政。毛泽东关于人民民主专政的思想,丰富并发展了马克思主义的国家学说,为即将成立的新中国做了政治理论准备。

中华人民共和国成立后,毛泽东从理论和实践上对社会主义建设道路进行不懈探索。在《论十大关系》和《关于正确处理人民内部矛盾问题》等报告中,毛泽东提出了一系列富有中国特色的社会主义建设方针,创造性地提出两类矛盾学说和正确处理人民内部矛盾的理论,科学阐明了社会主义社会的矛盾问题。这就在社会主义建设理论方面发展了马克思主义学说。此外,毛泽东还在中国革命和建设的各个历史时期,对军队建设和军事战略、思想政治和文化工作、国际战略和外交政策、党的建设和统一战线等方面,提出了独创性理论,丰富和发展了马克思主义。

毛泽东思想是马克思主义与中国革命实际相结合的第一次历史性飞跃的理论成果,是中国共产党取得中国革命胜利的理论武器,也是建设中国特色社会主义理论的思想根源。在马克思主义发展史上,毛泽东思想起到了承上启下的作用。

(三)新时期的理论探索

1. 伟大的转折

"文化大革命"结束后,中国将向何处发展,引人关注。1978年底,在中共中央工作会议上,邓小平(图4-28)发表讲话,着重阐述毛泽东实事求是的观点,号召大家解放思想,实事求是,团结一致向前看。这个讲话,在中国面临何去何从的重大历史关头,冲破"两个凡是"的禁锢,成为建设中国特色社会主义新理论的宣言书。

1978年底,中国共产党第十一届三中全会召开,会议确立了解放思想、实事求是的思想路线,决定把党和国家工作的重点转移到社会主义现代化建设上来,改革开放从此揭开序幕,中国人民开始走上建设中国特色的社会主义道路。

图4-28 邓小平

2. 邓小平理论的形成

1982年,在中共十二大上,邓小平明确提出,要把马克思主义的普遍真理同中国的具体实际结合起来,走自己的路,建设中国特色社会主义。1987年,中共十三大召开,根据邓小平的意见,系统提出了社会主义初级阶段理论,规定党在社会主义初级阶段"一个中心,两个基本点"的基本路线。会议第一次对建设中国特色社会主义理论的主要内容作了系统概括。这个理论的主要创立者是邓小平,后来被称为邓小平理论。

1992年,邓小平到南方视察,发表了一系列重要讲话。围绕"什么是社会主义、怎样建设社会主义"这个根本问题,他指出,社会主义的本质就是解放生产力、发展生产力,消灭剥削,消除两极分化,最终达到共同富裕;判断各方面工作的是非标准应该是"三个有利于",即是否有利于发展社会主义的生产力,是否有利于增强社会主义国家的综合国力,是否有利于提高人民的生活水平。同年,党的十四大召开。会议提出必须用邓小平建设中国特色的社会主义理论武装全党,明确改革的下一步目标是建立社会主义市场经济体制。

1997年,中共十五大决定把邓小平理论作为党的指导思想写入《中国共产党章程》。邓小平理论除了对新时期建设中国特色的社会主义的论述外,还创造性地提出"一国两制"的伟大构想,阐述了和平与发展是当今世界的两大主题等思想,内容十分丰富。

在社会主义现代化建设新时期,以邓小平为代表的中国共产党人,总结中华人民共和国成立以来两方面经验,借鉴其他社会主义国家建设的经验和教训,集中全党全国人民的智慧,创立了邓小平理论。邓小平理论把马克思主义基本原理同中国的具体实际结合,继承和发展了毛泽东思想,是引导中国人民进行改革开放和社会主义现代化建设的伟大旗帜。

3. "三个代表"重要思想

20世纪末21世纪初,国际国内形势发生了许多新变化。在新时期,中国共产党面临怎样完善自身、与时俱进的新问题。以江泽民为主要代表的中国共产党人,创立了"三个代表"重要思想,提出中国共产党要始终代表中国先进生产力的发展要求,代表中国先进文化的发展方向,代表中国最广大人民的根本利益,并进行了系统的阐述;并进一步回答了什么是社会主义、怎样建设社会主义的问题,创造性地回答了建设什么样的党、怎样建设党的问题。"三个代表"重要思想涵盖了社会主义政治、经济、文化等各个方面,是一个完整的科学的思想体系,是指导中国特色社会主义事业不断开创新局面的强大思想武器。

2002年,在中共十六大上,"三个代表"重要思想被确立为全党的指导思想,写进了《中国共产党章程》。

第二节　中国的科学技术与文学艺术

一、古代中国的科学技术与文学艺术

（一）古代中国的发明和发现

1. 四大发明

火药、指南针、造纸术和活字印刷术等四大发明是中国古代最有代表性的科学技术成就。

西汉前期，中国已经有了纸（图4-29）。公元105年，东汉宦官蔡伦改进造纸术，用树皮、麻头等便宜易得的原料造出便于书写的纸，人称蔡侯纸。造纸术的发明与改进，是书写材料的一次伟大革命。

图4-29　甘肃天水放马滩出土的西汉早期的纸

图4-30　毕昇活字版（仿制品）

隋唐之际，中国出现了雕版印刷术。宋代是雕版印刷的黄金时代，人们已经使用了彩色套印技术，宋刻本被后世藏书家视为珍品。11世纪中叶，北宋平民毕昇发明了胶泥活字印刷术（图4-30）。它既经济，又便捷，是印刷业的一大革新。

中国古代炼丹家在炼丹时发明了火药。唐末，火药开始用于军事。最早的火药武器有突火枪、火箭、火炮等。宋朝为了抵御辽、西夏和金的进攻，军事上广泛使用火药（图4-31）。

图4-31　火箭

图4-32　司南

世界上最早的指南仪器是中国在战国时期发明的"司南"（图4-32）。后来，人们利用磁石指南的特性，制成指南针。北宋时，指南针应用于航海。

四大发明问世以后，逐渐走向世界。造纸术经阿拉伯人传入欧洲，廉价的纸张很快取代了欧洲长期使用的书写材料羊皮和小牛皮，促进了欧洲文化的发展。火药传入欧洲，推动了欧洲火药武器的发展，使封建城堡不堪一击，靠冷兵器耀武扬威的骑士阶层日益衰落。指南针的使用，促进了远洋航行，迎来了地理大发现的时代。欧洲人还借鉴中国的印刷术，造出了自己的活字印刷机，大大推动了文艺复兴运动和宗教改革，促进了思想解

放和社会进步。

2.《九章算术》和珠算

中国古代很重视数学研究及其应用,取得了很高的成就。约成书于东汉的《九章算术》(图4-33),采取了十进位制计数法,汇集了许多算术命题。这些命题的解法采用了当时世界上最先进的运算方法,是当时世界上最先进的应用数学著作。它的问世,标志着中国古代以计算为中心的数学形成了完整的体系,在世界数学史上占有重要地位。

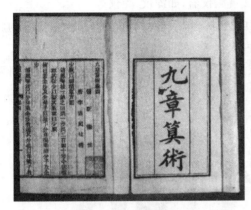

图4-33 九章算术

图4-34 算筹

中国古代的计算工具,早期采用的是算筹(图4-34)。后来,算筹演变成为算盘。中国的穿珠算盘制作简单,价廉物美。珠算运算法编成歌诀流利顺口,配合小九九和十进位值制计数法,运算如飞。明清时期,随着商业的繁荣,珠算应用得到普及和发展。人们可以用珠算法解决加减乘除和开平方、开立方等运算问题。明朝时,珠算法已传播到朝鲜、日本、东南亚以至世界其他地区。

知识拓展

《九章算术》是中国古代汉族学者的第一部数学专著,是"算经十书"中最重要的一种,成书于公元一世纪左右。该书内容十分丰富,系统总结了战国、秦、汉时期的数学成就。同时,《九章算术》在数学上还有其独到的成就,不仅最早提到分数问题,也首先记录了盈不足等问题,"方程"章还在世界数学史上首次阐述了负数及其加减运算法则。要注意的是《九章算术》没有作者,它是一本综合性的历史著作,是当时世界上最简练有效的应用数学,它的出现标志着中国古代数学形成了完整的体系。

根据史书的记载和考古材料的发现,古代的算筹实际上是一根根同样长短和粗细的小棍子,一般长为13—14 cm,径粗0.2—0.3 cm,多用竹子制成,也有用木头、兽骨、象牙、金属等材料制成的,大约二百七十几枚为一束,放在一个布袋里,系在腰部随身携带。需要记数和计算的时候,就把它们取出来,放在桌上、炕上或地上都能摆弄。别看这些都是一根根不起眼的小棍子,在中国数学史上它们却是立有大功的。而它们的发明,同样经历了一个漫长的历史发展过程。

3.《石氏星表》和浑仪

中国是天文学发展最早的国家之一。我们的祖先为了采集、狩猎和农牧业活动的需要,通过观天象、明方向、知季节、告农时,逐渐积累天文知识,萌生和发展了古代的天文学。

中国古代天象观测记录,是世界公认最悠久最系统的。中国不仅留下了世界上最早的日食、月食、太阳黑子以及哈雷彗星的记录,而且编出了世界上最早的星表。据说,尧设有火正、羲和之官,负责观察日月星辰。后世不少朝代也都设有专门的天象观测机构。战国时期的天文学家石申，用赤道坐标记录了八百多颗恒星的位置。石申的原书虽然失传，但在唐朝的天文学著作中对其内容有所保留，后人据此辑成《石氏星表》。《石氏星表》是世界上现存最古老的星表，保留了一百多颗恒星的赤道坐标数据，其中明列28宿距星和一百余颗恒星的赤道坐标位置。依据岁差规律推算证明，石氏星表中至少有一部分可以肯定是公元前4世纪测定的，远比古希腊天文学家依巴谷在公元前2世纪编制的星表还早。可见，石氏星表是现知世界上最古老的星表之一，对天文研究具有重要的参考价值。

为了更好地观察天象，古代中国创制了许多先进的天文观测仪器，如浑仪、简仪等。

浑仪（图4-35），是以浑天说为理论基础制造的、由相应天球坐标系各基本圈的环规及瞄准器构成的古代天文测量天体的仪器。在古代，"浑"字含有圆球的意义。古人认为天是圆的，形状像蛋壳，出现在天上的星星是镶嵌在蛋壳上的弹丸，地球则是蛋黄，人们在这个蛋黄上测量日月星辰的位置。因此，把这种观测天体位置的仪器叫做"浑仪"。

图4-35 浑仪

图4-36 简仪

简仪（图4-36），是元代天文学家郭守敬于公元1276年创制的一种测量天体位置的仪器。它与浑仪一样用于测量天体的位置，因将结构繁复的唐宋浑仪加以革新简化而成，故称简仪。浑仪的结构比较繁杂，观测时经常发生环与环相互阻挡视线的现象，使用极不方便。郭守敬将浑仪化为两个独立的观测装置，安装在一个底座上，每个装置都十分简单实用，而且除北极星附近以外，整个天空一览无余。

知识拓展

浑仪是我国古代天文学家用来测量天体坐标和两天体间角距离的主要仪器。浑仪的关键部位是窥管，这是一根中空的管子，好像现代的望远镜，但是没有镜头。人眼在管的一端，通过空管看见天上一个小的部分，将窥管放置于不同方向就能看到天上不同的区域。用来支撑这个窥管，使它能指向天上任何一个方位的是四游仪。四游仪的结构是这样的：一个双重的圆环，把窥管（又称望筒）夹在中间，窥管可以在这个双环里滑动，这个双环平面内的任何方向都可以看到；这个双环又可以绕两个支点转动，双环所在平面可以扫过全天球；借助双环的旋转和窥管的旋转，两种运动的结合就可以使窥管指向天球上任何一个方向。历史上制造过许多浑仪，这种四游仪却是其中不可缺少的部分。除了四游仪和窥管外，浑仪的其他部分就是代表各种天文意义的环圈和支撑结构。一般说来，有地平圈，代表地平面；有子午环，经过天顶过南北方向的环；有卯酉环，东西方向的环；赤道环；黄道环；白道环等。

4. 《授时历》和四大农书

我国自古农业发达,与农业密切相关的历法制定和农学研究,历来备受重视,成果丰硕。夏朝时,我国就有了历法《夏小正》,商朝改进为"殷历"。秦汉以后,我国历法越来越精确。元朝时,郭守敬编订的《授时历》,集前代各家历法优点之大成,是我国古代最优秀的历法。《授时历》定回归年长度为365.2425日,这与地球绕太阳一周的时间相差无几,与今天世界通用的公历即格里高利历基本相同。1281年,《授时历》颁布推行,这比现行公历的颁行早了三百年。《授时历》取"敬授民时"之义,对指导农业生产大有帮助。

西汉氾胜之的《氾胜之书》、北魏贾思勰的《齐民要术》(图4-37)、元朝王祯的《农书》和明朝徐光启的《农政全书》,是中国古代成就卓越的四大农书。其中,《齐民要术》是我国现存最早、最完整、最系统的古代农业科学著作。《齐民要术》一书共92篇,主要记录了东汉以后五百多年间,特别是北朝时期黄河中下游的农业生产经验,内容极为广泛,涉及林业、园艺、畜牧、农产品加工和其他手工业等。贾思勰在书中详细介绍了季节、气候和不同土壤与不同农作物的关系,强调要因时制宜、因地制宜。他提倡精耕细作,防旱保墒,主张轮作、多施绿肥,发明果树栽培可通过培育实生苗、扦插、嫁接等方法,培育优良品种。

图4-37 《齐民要术》翻印

知识拓展

《齐民要术》是北魏时期的中国杰出农学家贾思勰所著的一部综合性农书,也是世界农学史上最早的专著之一,是中国现存的最完整的农书。书名中的"齐民",指平民百姓,"要术"指谋生方法。《齐民要术》大约成书于北魏末年(533—544),《齐民要术》系统地总结了6世纪以前黄河中下游地区农牧业生产经验、食品的加工与贮藏、野生植物的利用等,对中国古代汉族农学的发展产生了重大影响。由于汉族劳动人民积累了数千年的耕作经验,留下了丰富的汉文农学著作。先秦诸书中多含有农学篇章,而北魏贾思勰著《齐民要术》,是中国现存的第一部系统农书,讲述从农业耕作(包括种植菜蔬果木、养殖畜禽鱼类)到各类食品加工的技术知识。

5. 《伤寒杂病论》和《本草纲目》

我国古代医学发达,中医中药至今仍在世界医学领域占有重要地位。战国问世、西汉编定的《黄帝内经》是中医学的奠基之作。东汉末年,张仲景总结前代中医诊断和资料的理论与经验,结合自己的临床实践,写出了集大成的中医专著《伤寒杂病论》。《伤寒杂病论》创造性地提出了辩证施治的方法,奠定了后世中医临床学的理论基础,被后世医家誉为"万世宝典"。

明朝卓越的医学家李时珍,写成药物学巨著《本草纲目》(图4-38),对中药学的发展做出了杰出贡献。《本草纲目》为修改古代医书中的错误而编,他以毕生精力,亲历实践,广收博采,对本草学进行了全面的整理总结,历时29年编成。全书共有52卷,载有药物1892种,其中载有新药374种,收集药方11096个,书中还绘制了1160幅精美的插图,约190万字,分为16部、60类。这本药典,不论从它严密的科学分类,或是从它包含药物的数目之多和流畅生动的文笔来看,都远远超过古代任何一部本草著作,被誉为"东方药物巨典",对人类近代科学以及医学方面影响最大,是我国医药宝库中的

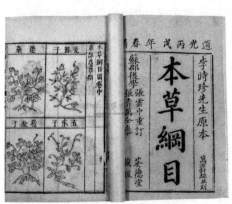

图4-38 《本草纲目》

一份珍贵遗产。

(二) 辉煌灿烂的文字

1. 从《诗经》到唐诗

春秋末年,中国出现的第一部诗歌总集《诗经》,是中国汉族文学史上最早的诗歌总集,先秦称为《诗》,共305首,取其为儒家经典,沿用至今。《诗经》收录了西周到春秋中期的三百多首诗歌,分为风、雅、颂三个部分。《诗经》的诗,以四言为主,多重章叠句,语言丰富,内容古朴,现实感强。《诗经》经孔子整理编订,奠定了中国古典文学现实主义的基础,被后世奉为儒家经典。

图4-39 屈原画像

战国时期,楚国诗人屈原(图4-39)以南方民歌为基础,创作了一种新的诗歌体裁——楚辞。楚辞采用楚国方言,句式灵活,易于表达情感。屈原的抒情长诗《离骚》想象奇特,具有浪漫主义风格,是楚辞的代表作,楚辞因此又称"骚体"。一句"长太息以掩涕兮,哀民生之多艰",表达了诗人对人民的无比热爱。

汉朝时,楚辞盛行。文学家以楚辞为基础,创造出半诗半文的综合文体——赋。汉赋辞藻华丽,手法夸张,内容丰富,表现出大一统时代恢弘的文化气度。西汉司马相如的《子虚赋》《上林赋》,东汉张衡的《二京赋》,都是汉赋中的佳作。

唐朝时,诗歌的发展进入黄金时期。唐朝开放与繁荣的社会环境,科举考试中以诗赋为主,促进了诗歌的繁荣。至今,我们还能见到唐朝两千多位诗人的近五万首诗歌。按照时间,唐诗的创作分四个阶段:初唐、盛唐、中唐、晚唐。唐代的诗人特别多。李白、杜甫、白居易、王维是世界闻名的伟大诗人,除他们之外,还有其他许多诗人,就像满天的星斗一般。这些诗人,今天知名的就有二千三百多人。他们的作品,保存在《全唐诗》中的也还有四万二千八百六十三首。当然,《全唐诗》并非"全",也有很多华丽的辞藻,脍炙人口的诗篇消失在历史的长廊之中了。唐诗的题材非常广泛:有的从侧面反映当时社会的阶级状况和阶级矛盾,揭露封建社会的黑暗;有的歌颂正义战争,抒发爱国思想;有的描绘祖国河山的秀丽多娇;此外,还有抒写个人抱负和遭遇的,有表达儿女爱慕之情的,有诉说朋友交情、人生悲欢的等等;总之,从自然现象、政治动态、劳动生活、社会风习,直到个人感受,都逃不过诗人敏锐的目光,成为他们写作的题材。在创作方法上,既有现实主义的流派,也有浪漫主义的流派,而许多伟大的作品,则又是这两种创作方法相结合的典范,形成了我国古典诗歌的优秀传统。

唐初著名诗人有王勃、陈子昂等。王勃的"海内存知己,天涯若比邻",是千古传诵的名句。盛唐时,边塞诗写出了边塞景物的雄起壮观和军旅生活的英武豪放,高适的"大漠穷秋塞草腓,孤城落日斗兵稀",岑参的"四边伐鼓雪海涌,三军大呼阴山动",都洋溢着豪迈的气概;孟浩然、王维的山水诗,景物如画,意境幽深,孟浩然的"野旷天低树,江清月近人",王维的"江流天地外,山色有无中",都富于诗情画意。李白、杜甫、白居易的诗是唐诗发展繁荣的丰碑。李白以浪漫主义的创作,赢得"诗仙"的美誉;杜甫以现实主义的"诗史",被誉为"诗圣"。中唐的白居易,主张"文章合为时而著,诗歌合为事而作",创作了大量平易浅近、针砭时弊的讽喻诗。

知识拓展

《诗经》名篇
国风·周南·关雎

关关雎鸠,在河之洲。窈窕淑女,君子好逑。

> 参差荇菜，左右流之。窈窕淑女，寤寐求之。
> 求之不得，寤寐思服。悠哉悠哉，辗转反侧。
> 参差荇菜，左右采之。窈窕淑女，琴瑟友之。
> 参差荇菜，左右芼之。窈窕淑女，钟鼓乐之。

2. 宋词和元曲

词，诗歌的一种。因是合乐的歌词，故又称曲子词、乐府、乐章、长短句、诗余、琴趣等。始于唐，定型于五代，盛于宋。

唐代出现了诗的另一种形式——词。词的句子长短不齐，更便于抒发感情。到了宋代，随着商业的发展，城市的繁荣，市民数量的不断增加，能够歌唱的词更适应市井生活需要，受到市民欢迎。于是，词成为宋代文学的主流形式和标志，流传至今的宋词仍有两万多首。著名的词作家有婉约派的柳永、李清照（图4-40），豪放派的苏轼、辛弃疾等。柳永《雨霖铃》的"多情自古伤离别，更那堪、冷落千秋节！今宵酒醒何处？杨柳岸、晓风残月"，苏轼的"乱石穿空，惊涛拍岸，卷起千堆雪"，李清照的"花自飘零水自流，一种相思，两处闲愁"等，都是流传极为广泛的佳句。

宋代，民间兴起一种新的诗歌形式，即散曲。散曲题材广泛，可雅可俗，抒情叙事兼长，更为生动活泼。到元代，散曲的创作进入繁荣阶段，与元杂剧一起，合称为元曲。继唐诗、宋词之后蔚为一文学之盛的元曲有着它独特的魅力：一方面，元曲继承了诗词的清丽婉转；一方面，元代社会使读书人位于"八娼九儒十丐"的地位，政治专权，社会黑暗，因而使元曲放射出极为夺目的战斗的光彩，透出反抗的情绪；锋芒直指社会弊端，直斥"不读书最高，不识字最好，不晓事倒有人夸俏"的社会，直指"人皆嫌命窘，谁不见钱亲"的世风。元曲中描写爱情的作品也比历代诗词来得泼辣，大胆。这些均足以使元曲永葆其艺术魅力。

图4-40 李清照画像　　　　图4-41 关汉卿画像

元曲大多通俗生动，豪放飘逸，以关汉卿（图4-41）、马致远等人的创作成就最高。关汉卿，马致远、郑光祖、白朴并称为"元曲四大家"，关汉卿位于"元曲四大家"之首。

知识拓展

李清照（1084—1155），字易安，号易安居士，汉族，山东省济南章丘人。宋代（南北宋之交）女词人，婉约词派代表，有"千古第一才女"之称。

李清照《声声慢》

寻寻觅觅,冷冷清清,凄凄惨惨戚戚。乍暖还寒时候,最难将息。三杯两盏淡酒,怎敌他、晚来风急?雁过也,正伤心,却是旧时相识。

满地黄花堆积。憔悴损,如今有谁堪摘?守着窗儿,独自怎生得黑?梧桐更兼细雨,到黄昏、点点滴滴。这次第,怎一个愁字了得!

元曲四大悲剧:关汉卿的《窦娥冤》、白朴的《梧桐雨》、马致远的《汉宫秋》、纪君祥的《赵氏孤儿》。

元曲四大爱情剧:关汉卿的《拜月亭》、王实甫的《西厢记》、白朴的《墙头马上》、郑光祖的《倩女离魂》。

3. 明清小说

魏晋南北朝,出现了《搜神记》等志怪小说。唐朝情节曲折离奇的短篇小说传奇和宋朝供说话人用的话本,把中国小说创作推向一个新阶段。

图 4-42 四大名著

明清时期,一方面专制中央集权进入强化阶段;另一方面经济领域出现了一些新的气象,手工业、商业繁荣,资本主义萌芽出现,市民阶层扩大,为小说创作提供了丰富素材。为适应市民阶层的需要,小说创作进入蓬勃发展的阶段。

明清小说数量繁多,体裁多样,表现手法丰富,在反映社会生活的深度和广度、任务性格的塑造、细节的描绘、语言的运用等各个方面,都大大超过了前代。在众多作品中,以《三国演义》、《水浒传》、《西游记》和《红楼梦》四部长篇小说最为著名,它们是中国文学的瑰宝,被称为"四大名著"(图4-42),也是世界文学宝库中的珍品。此外,文言短篇小说集《聊斋志异》和讽刺小说《儒林外史》也是脍炙人口的名作。

(三) 充满魅力的书画和戏曲艺术

1. 汉字与书法艺术

汉字是世界上最古老的文字之一。六千多年前,中国的原始文字是可以读出来的图画,称为"图画文字"。象形字后来逐渐符号化,脱离图画,形成汉字。至商朝,汉字已经形成完整体系。此后,汉字按照甲骨文、大篆、小篆、隶书、楷体的脉络演变发展,至今已有大约三千多年的历史,其演变的总趋势是由繁到简。

汉字是世界上最古老的文字之一(图4-43),对周边国家的影响也是非常巨大的,是其它文字的母字。它是记录事件的书写符号,在形体上逐渐由图形变为由笔画构成的方块形符号,所以汉字一般也叫"方块字"。它由象形文字(表形文字)演变成兼表音义的意音文字,但总的体系仍属表意文字。所以,汉字具有集形象、声音和辞义三者于一体的特性。这一特性在世界文字中是独一无二的,因此它具有独特的魅力。汉字是汉民族几千年文化的瑰宝,也是我们终生的良师益友,每个人的精神家园。汉字往往可以引起我们美妙而大胆的联想,给人美的享受。

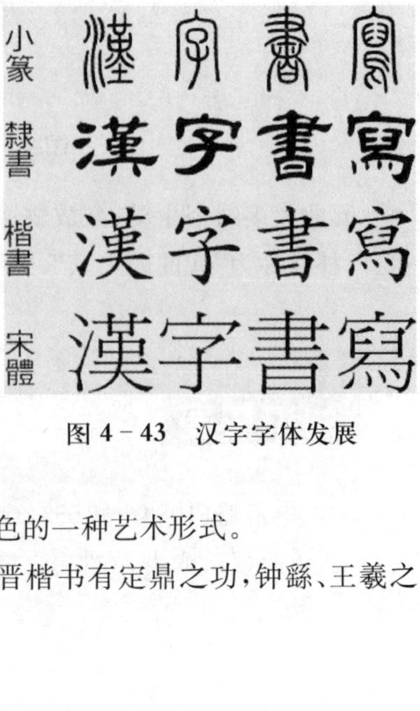

书法与汉字,相伴而生。中国书法艺术的发展大致可分为两个阶段,魏晋以前基本上是自发阶段,魏晋时期开始进入自觉阶段。由隶书衍生出来的楷书、行书、草书,通过众多书法家的努力实践,臻于成熟。从此,中国

图 4-43 汉字字体发展

书法兼具审美功能与实用功能,自觉地创造书法美成为体现中华民族文化特色的一种艺术形式。

楷书笔画详备,结构形体严整,具有其他书体不可比拟的实用价值。魏晋楷书有定鼎之功,钟繇、王羲之

（图4-44）贡献最大。唐代楷书步入盛世，欧阳询、颜真卿、柳公权的楷书各具特点，分别被称为欧体、颜体和柳体，成为后人学习、临摹的范式。

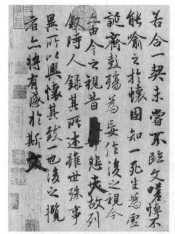
图4-44　王羲之《兰亭序》（局部）

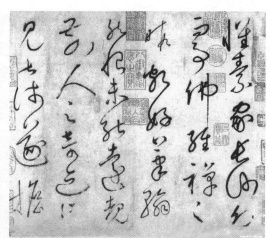
图4-45　张旭书法（局部）

草书笔画简约，钩连不断，线条流畅纵情，具有极高的审美价值。魏晋以来，草书盛行不衰，名家辈出。东晋的王羲之、王献之，唐朝的张旭（图4-45）、怀素等，都是草书大家。

行书兼具楷书的规矩和草书的放纵，既有审美价值，又有实用价值，雅俗共赏。东晋王羲之、唐朝颜真卿、北宋苏轼、元朝赵孟頫（fǔ）、明朝文征明等人的行书，历来备受世人喜爱。

2. 笔墨丹青中国画

中国画又称国画，注重写意传神，追求"得意忘形"。秦汉以后的历代画家们，用笔墨和矿物颜料，在纸、绢等材料上创作出大量不同风格不同类型的人物、山水画和花鸟画。

中国的绘画艺术，可以追溯到远古时代，彩陶画《鹳鱼石斧图》是其中的杰作。留存至今的战国帛画《人物龙凤图》、《人物御龙图》，造型准确，线条流畅，色彩绚丽，代表中国绘画艺术从萌芽走向成熟。

魏晋时期，士大夫画家总结出许多精辟的绘画理论，有力地推动了绘画艺术的发展。东晋画家顾恺之不仅留下了《女史箴图》、《洛神赋图》（图4-46）等传世佳作，而且潜心研究绘画理论，提出"以形写神"，画人物要注重表现人的精神气质。

图4-46　《洛神赋图》（局部）

图4-47　《天王送子图》（局部）

隋唐时期，展子虔、阎立本、吴道子等画家在继承前代的基础上，吸取印度、波斯等外来美术风格，创作出《游春图》、《步辇图》和《天王送子图》（图4-47）等许多优秀作品。这一时期，敦煌莫高窟的壁画，更是盛极一时。

两宋时期，宫廷画院进入最为活跃的阶段，画学兴起。风俗画是当时画坛的最大亮点，代表作有北宋画家张择端的《清明上河图》（图4-48）。

图4-48 《清明上河图》（局部）

图4-49 《牡丹蕉石图》

元明清时期，士大夫的文人画成就最为突出。文人画集文学、书法、绘画及篆刻艺术为一体，强调表现个性，讲究借物抒情，追求神韵意趣。最能反映文人画风貌的是写意画，元代王冕的《墨梅图》、明代徐渭的《牡丹蕉石图》（图4-49）、清代郑板桥的《墨兰图》，都是写意画中的精品。

知识拓展

《清明上河图》，中国十大传世名画之一。为北宋风俗画，是北宋画家张择端仅见的存世精品，属国宝级文物，现藏于北京故宫博物院。

清明上河图宽25.2厘米，长525厘米，绢本设色。作品以长卷形式，采用散点透视构图法，生动记录了中国十二世纪城市生活的面貌，这在中国及至世界绘画史上都是独一无二的。在五米多长的画卷里，共绘了814个各色人物，牛、骡、驴等牲畜73匹，车、轿二十多辆，大小船只二十九艘。房屋、桥梁、城楼等各有特色，体现了宋代建筑的特征。具有很高的历史价值和艺术价值。

3. 京剧的出现

中国戏曲从原始的歌舞发展而来。春秋战国时期出现了以乐舞戏谑为业的艺人，成为优伶。元杂剧把中国的戏曲艺术推向了成熟。明朝时候，戏曲演出成为城乡人民重要的文化生活内容，江苏昆山一带形成的昆曲，流传甚广。

清朝前期，北京作为全国政治文化中心，戏曲舞台非常活跃。昆曲和各种地方戏曲，同城争辉。乾隆末年，安徽的徽剧戏班进京演出，风行一时。道光年间，又有湖北汉剧艺人进京，参加徽班的演出，形成了"徽汉合流"的局面。经过广大徽汉艺人的表演实践，徽剧与汉剧互相融合，兼收其他民间曲调的唱腔、剧目和表演方式，形成了一个新剧种，就是后来的京剧。同治、光绪年间，京剧走向成熟，涌现出程长庚、谭鑫培等号称"同光十三绝"的著名艺人。

京剧由北京走向各地，成为全国广为流传的剧种。民国以来，它又逐步走向世界，受到各国人民的赞赏。

除京剧外,清朝各地还出现了名目繁多的戏曲剧种,如秦腔、越剧、川剧、粤剧和黄梅戏等。

二、现代中国的科学技术与文学艺术

(一) 中华人民共和国成立以来的重大科技成就

1. 从"两弹一星"到载人航天

中华人民共和国成立以后,以毛泽东为代表的中国共产党第一代领导集体,在一穷二白、百废待兴的情况下,果断做出发展原子弹、导弹和人造地球卫星即"两弹一星"的战略决策,以打破美、苏等国对核武器和空间技术的垄断。

1964年,中国第一颗原子弹爆炸成功(图4-50),加强了中国的国防能力。中国十分重视和平利用核能,掌握了核技术后,先后建成秦山核电站(图4-51)和大亚湾核电站,用核技术为国民提供电力。20世纪60年代初,中国仿制近程导弹成功。1964年,中国自行设计制造的中近程导弹试验成功。1970年,随着我国第一颗人造地球卫星"东方红一号"的发射成功,中国成为第五个发射卫星的国家。《东方红》乐曲随着卫星响彻宇宙,中国开始进入航天时代。

图4-50　中国第一颗原子弹爆炸

图4-51　秦山核电站

1992年,我国政府作出实施载人航天工程的战略决策,载人飞船正式列入国家研制计划,这是中国在世纪之交规模最庞大、技术最复杂的航天工程。从1999年起,"神舟"号(图4-52)飞船在经过四次无人飞行成功试验后,于2003年10月15日载着宇航员杨利伟(图4-53)升上太空,经过21小时的飞行,成功返回地面。中国成为世界上第三个掌握载人航天技术的国家。

图4-52　神舟五号飞船

图4-53　航天英雄杨利伟

知识拓展

1984年,秦山核电站和大亚湾核电站开工建设,1991年和1994年先后建成并投入商业运行。这两座核电站的建成,标志着中国核工业的发展上了一个新台阶。成为我国军转民、和平利用核能的典范。截止到2005年底,两座核电站各累计发电260亿和1500亿千瓦时,取得了良好的经济效益和社会效益。

2. 袁隆平与杂交水稻

中国有13亿人口,是世界上人口最多的国家,粮食产量关乎国计民生。为了提高粮食产量,许多科学家付出艰辛的努力,袁隆平(图4-54)是他们中的杰出代表。

1964年,袁隆平偶然发现了一株天然杂交水稻,优势非常明显,这给他很大启发。经过多年努力,在历经成百上千次试验的失败后,1973年,他选育出杂交水稻的新品种——南优2号。这种水稻单产一般比常规稻增产20%左右。2001年,他获得中国国家最高奖项——"国家最高科学技术奖"。

图4-54 杂交水稻之父袁隆平

袁隆平是世界上成功利用水稻杂交优势的第一人。他选育出的杂交水稻不仅大大提高了中国的水稻产量,也被认为有助于解决未来世界性饥饿问题。联合国粮食组织把在全球范围内推广杂交水稻技术作为一项战略计划,聘请袁隆平为首席顾问,为一些国家培训技术专家。袁隆平多次获得国际大奖,享有很高的国际声誉。

知识拓展

袁隆平1930年生于北京,汉族,江西德安县人,无党派人士,现居湖南长沙。中国杂交水稻育种专家,被称为我国的杂交水稻之父,中国工程院院士。现任政协十二届全国委员会常务委员,湖南省政协副主席,湖南省科协副主席。中国国家杂交水稻工程技术中心主任暨湖南杂交水稻研究中心主任、西南大学农学与生物科技学院名誉院长、湖南农业大学教授、中国农业大学客座教授、怀化职业技术学院名誉院长、湖南生物机电职业技术学院名誉院长、联合国粮农组织首席顾问、世界华人健康饮食协会荣誉主席,2006年4月当选美国科学院外籍院士,2010年荣获澳门科技大学荣誉博士学位,2011年获得马哈蒂尔科学奖。

3. 计算机和生物技术的发展

20世纪50年代中国开始了计算机研制工作。1983年,中国成功研制出第一台每秒运算速度上亿次的计算机,定名为"银河1号"(图4-55)。此后,越来越先进的高性能计算机在十几年间先后问世,表明中国的高性能巨型计算机研制技术已经居于世界前列,加速了国家信息化发展。

在生物技术方面,1965年,人工合成结晶牛胰岛素在中国首次出现,这也是世界上第一个蛋白质的全合成,开辟了人工

图4-55 "银河1号"

合成蛋白质的时代。中国还积极参与人类基因的研究,到 20 世纪末,中国在依靠基因工程技术改良动植物品种、治疗人类重大疾病的药物研究等方面达到了国际先进水平,为提高国民生活水平和健康做出了贡献。

知识拓展

> 银河 1 号巨型计算机,是 1983 年 12 月 22 日我国第一台被命名为"银河"的亿次巨型电子计算机,由国防科技大学计算机研究所在长沙研制成功。它的研制成功,向全世界宣布:中国成了继美、日等国之后,能够独立设计和制造巨型计算机的国家。

(二)"百花齐放""百家争鸣"

1. "双百"方针的提出

"双百"方针的提出,有着深刻的社会历史背景。当时,一方面,我国生产资料的社会主义改造取得了决定性胜利,党和国家面临的迫切任务,是要调动一切积极因素建设社会主义,迅速发展我国的经济、科学和文化事业。但是,另一方面,在科学文化领域内仍然存在着某些"左"的思想影响,在学术、文化和艺术问题上动辄打棍子、扣帽子的情况时有发生。这与党和国家面临的形势与任务是不相适应的。针对这种情况,中央政治局扩大会议在讨论十大关系的过程中,提出要把政治思想问题同学术、艺术和技术性质的问题区分开来。

1956 年春,毛泽东在中共中央政治局扩大会议上,正式提出在科学文化工作中,实行"百花齐放,百家争鸣",简称"双百"方针(图 4-56)。

"双百"方针是党和国家关于发展文学艺术和科学技术的基本方针,其基本精神是艺术上不同的形式和风格可以自由发展,科学上不同的学派可以自由争论。"双百"方针符合文学艺术和科学技术发展的客观规律,是促进艺术发展科学技术发展进步,促进社会主义文化繁荣和科技兴旺的方针。

毛泽东强调"百花齐放,百家争鸣"是一个基本性、长期性的方针,不是一个暂时性的方针。"双百"方针提出后,科学技术和文学艺术领域出现了百花齐放、百家争鸣的繁荣景象。

在"双百"方针的鼓励下,文学艺术界的许多作家、艺术家,扩大生活视野,开拓新的题材和主题,采用多样化的体裁与表现手法,生动描绘人民革命斗争和社会主义建设时期的新风貌,取得了累累硕果。老舍的话剧《茶馆》,郭沫若的历史剧《蔡文姬》,杨沫的长篇小说《青春之歌》等,都是贯彻"双百"方针以后的出色作品。那时的文艺期刊也大量增加,仅 1956 年至 1957 年出现的文艺期刊就有 18 种,原有的刊物质量也有提高,扩大版面。这都大大丰富了社会主义时期人民的文化生活。

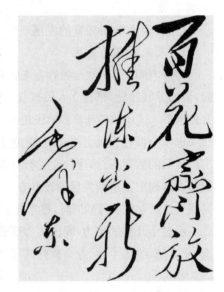

图 4-56 "百花齐放,推陈出新"

2. 曲折的年代

但是,"双百"方针并未能坚持贯彻下去。由于政治运动的扩大化,特别是"文化大革命"的到来,一些学术问题被当成政治问题,甚至上升为阶级斗争问题。不同的学术观点,被看做代表不同的阶级利益。一些优秀作品受到错误批判。如,王蒙的小说《组织部新来的年轻人》,艾青的寓言诗《蝉之歌》,昆曲《李慧娘》和电影《北国江南》、《早春二月》等,都受到政治批判。作者和许多知识分子受到了伤害,文艺园地百花凋零。自然科学和社会科学的研究也受到很大影响。

3. 文艺的春天

"文革"结束后,党总结社会主义时期文艺工作的经验教训,明确文艺必须植根于人民生活。邓小平指出,我们的文艺属于人民,要为人民服务,为社会主义服务。他还强调坚持贯彻"双百"方针,对我国发展科学文化具有重要意义。

20世纪80年代初,中共中央提出加强社会主义精神文明建设,强调在进行经济建设的同时,还要发展教育、科学、文化事业,坚定共产主义理想、信念,加强纪律,建立人与人之间的和睦关系等,以"五讲""四美"为内容的精神文明建设开展起来。在这种形势下,文艺领域再次呈现繁荣景象,出现了以反映"文化大革命"为主题的文学作品,还有反映丰富的社会生活的戏剧、电影,如《许茂和他的女儿们》、《被爱情遗忘的角落》等。科学和文艺工作者迎来了又一个春天,学术讨论空前热烈,文学艺术创作欣欣向荣。

进入21世纪,随着中国改革开放的深入,文学艺术的内容更加丰富,形式也向多样化发展,中国文化正走向世界。

知识拓展

"五讲"即讲文明、讲礼貌、讲卫生、讲秩序、讲道德,"四美"指心灵美、语言美、行为美、环境美。1981年2月15日,全国总工会、团中央、全国妇联、中国文联、中国爱卫会、全国伦理学会、中华全国美学学会等9个单位联合作出《关于开展文明礼貌活动的倡议》,号召全国人民特别是青少年开展以"讲文明、讲礼貌、讲卫生、讲秩序、讲道德"和"语言美、心灵美、行为美、环境美"为主要内容的"五讲"、"四美"文明礼貌活动。

(三) 现代中国教育的发展

1. 人民教育的奠基

1949年底,第一次全国教育工作会议召开,会议决定"以老解放区新教育经验为基础,吸收旧教育有用经验,借助苏联经验"来建立人民教育事业,确立教育要为国家建设服务,学校要向广大工农开门,大力提高人民的文化水平。这就成功地将半殖民地半封建教育,改变为沿着社会主义方向前进的中华人民共和国的人民教育。

进入全面建设社会主义时期,制定中华人民共和国的教育方针,是人民教育面临的首要问题。毛泽东提出:"我们的教育方针,应该使受教育者在德育、智育、体育几方面都得到发展,成为有社会主义觉悟的有文化的劳动者",确定了全面发展的教育方针。为满足经济发展对人才的大量需求以及青年们强烈的求学欲望,我国在发展全日制学校教育的同时,建立起半工半读的学校教育制度,学生可根据需要选择全日制学习或半工半读。

经过十几年的努力,我国逐步形成比较完整的国家教育体系,学前教育、大中小学教育及成人教育初具规模,全日制、半工半读、业余教育共同发展,培养了大批素质较高的劳动后备军和德才兼备的建设人才。

知识拓展

工农速成中学(图4-57)是中华人民共和国成立初期国家大力提倡的提高工农干部文化的一种正规教育渠道。工农速成中学的任务是:招收参加革命或产业劳动一定时期之优秀的工农干部及工人,施以中等程度的文化科学基本知识的教育,使其能升入高等学校继续深造,培养成为中华人民共和国成立的各种高级建设人才。

图4-57 工农速成中学

2. 动乱中的教育

"文化大革命"开始后,很多师生都被卷入"扫四旧"批走资派活动中,各地大中小学一度停课,教育战线一片混乱。

1966年夏,高考制度被废止。70年代初,高等院校开始招收"工农兵学员",只要群众推荐、领导批准和学校复审,不需要文化课考试就可以上大学,导致大学教育水平下降。

"文化大革命"使中国教育事业受到极大破坏,各行各业专门人才缺乏,整个民族文化素质大大下降,中国与发达国家的差距拉大。

3. 教育的复兴

"文革"结束后,邓小平刚复出就迫不及待地抓教育。他充分肯定中华人民共和国前17年的教育工作,在教育战线全面拨乱反正,整顿教学秩序,恢复中断十年的高考制度,组织编写新教材,倡导尊师重教。

20世纪80年代,邓小平提出"教育要面向现代化,面向世界,面向未来"的指导方针,教育改革的步伐加快。在实行改革开放的同时,邓小平提出教育应优先发展的思想,国家制定了一系列政策方针,把发展科技和教育事业放在现代化建设的首位,大量增加教育投入,实行"科教兴国"发展战略。大力普及九年义务教育,制定了《义务教育法》,从法律上规定了政府、学校、家庭和社会保证适龄儿童接受义务教育的责任;对中等教育,实行普通教育与职业教育并举;高等教育也有了很大发展,增设了一批新兴边缘学科专业,建立了学位制度,改革高校招生与分配制度,扩大学校办学的自主权。

振兴民族的希望在教育。20世纪90年代,为推动高等教育持续发展,国家着手实施发展高等教育的"211工程"计划,一批重点高校和重点实验室迅速发展壮大。在教育投资上,实行国家拨款为主、多渠道筹措经费为辅的体制。社会力量办学也应运而生,启动了"希望工程"。到20世纪末,我国已基本普及九年义务教育和扫除青壮年文盲。

在西部大开发的形势下,国家加大西部地区教育发展的力度。国家出资支持西部一批高校建设,并在西部近200个县建立职业教育中心。国家还增加少数民族地区教育经费,大力推动少数民族地区教育的发展。

第三节　世界思想文化、科学技术及文学艺术的发展

一、西方人文主义精神的起源及发展

(一) 西方人文主义思想的起源

1. "人是万物的尺度"

公元前5世纪,在雅典等一些古希腊城邦,奴隶制民主政治发展到巅峰,雅典成为希腊政治和文化中心。人们越来越多地参与政治生活,人在社会中的地位日益突出,有些学者的研究越来越关注"人"本身。于是,出现了所谓的智学者派。智学者派以人和人类的社会为探索的主题,研究人类,反思人类自己。他们以人的眼光去考察和认识社会、风俗习惯和伦理规范等。

智学者派特别强调人的价值,代表人物普罗泰格拉提出"人是万物的尺度"。认为人的感觉是判定一切的准绳,否定神的意志是衡量一切的尺度,树立了人的尊严和权威。他的思想概括了智学者派的主要的思想,体现了希腊文化人文主义的本质。

智学者派反对迷信,强调自由,认为一切制度、法律和道德多是人为的产物,因此约束力也都是相对的,其兴废都要以人为尺度。在社会道德方面,每个人都应该有自己的判断和标准,不应强求一律。

2. "美德即知识"

智学者派重视知识的作用,但忽视道德。苏格拉底是与智学派同时代的卓越思想家,针对雅典社会世风日

下,道德沦丧的现象,他倡导"有思想力人是万物的尺度",希望重新建立人们的道德价值观,以挽救衰退的城邦制度。

苏格拉底认为社会中的人应该具备美德,美德来自知识,最高的知识就是人们内心深处的道德知识,美德就是关于善的知识,于是他提出"美德即知识"的思想。

苏格拉底对人性本身的研究,是人类精神觉醒的一个重要发展表现,他使哲学真正成为一门研究"人"的学问。

3. 柏拉图和亚里士多德

苏格拉底的学生柏拉图关注的焦点也是人类社会,在《理想国》一书中,他根据智慧品德而不是按照出身,把每个人明确分工,各司其职,有正义感和理性的"贤人"统治国家,武士们保卫国家,农民们和手工业者则负责生产。柏拉图的这种想法尽管有很多错误,但他鼓励人们独立理性思考,为理性主义的发展奠定了基础。

柏拉图的学生亚里士多德在多学术领域取得了卓越的成就,成为古希腊最博学的人。他关注自然界和人类生活,特别强调在整个自然界中,人类是最高级的。

(二)文艺复兴和宗教改革

1. 意大利的资本主义萌芽

十四五世纪,意大利出现了佛罗伦萨和威尼斯等著名的工商业城市,这些城市各自独立。为了在激烈的竞争中取得优势,纷纷采取鼓励发展工商业的政策,促进了经济和社会的发展,出现了资本主义萌芽。

在这些工商业城市中,手工业场主、商人和金融家形成了新型的资本阶级,他们对自己的能力益加自信,贵族和教会失去了昔日的权威。新兴资本阶级希望创造财富,也追求现世的享乐;他们重视通过改进生产技术、提高经营手段创造财富,胜过关心虚幻的神学说教。但是,当时统治文化思想的教会却要求人们听从上帝安排,祈求来世幸福。这样,一场思想变革首先在这里出现了。

2. 文艺复兴

意大利是古代罗马的故乡,意大利人能够接触到大量的古代希腊罗马文化遗存,还有机会得到拜占廷帝国保留的古代希腊罗马文化遗产典籍。于是,对宗教文化钳制思想不满的先进知识分子,在古代希腊文化中找到了共鸣。他们通过欣赏、阐释古典文化充满人性的美,表达他们对现实生活的希望,从而掀起了一场思想解放运动。这场运动因为打着复兴古代希腊文化罗马文化的旗号,因而被人们称为文艺复兴运动。实际上,文艺复兴运动时期的思想家们不再提倡复古,只是借古代文化之名宣传新的资产阶级思想。

文艺复兴的核心是人文主义,主张以人为中心而不是以神为中心,认为认识现实生活的创造者和主人,要求肯定人的价值和尊严。文艺复兴时期的思想家们虽然信仰宗教,但是他们反对教会宣扬的禁欲苦行,抨击教会的腐败,提倡追求自由、幸福和物质享受,鼓励发财致富和冒险精神,崇尚理性和科学,追求知识。

文艺复兴首先在文学艺术领域变现出来。文艺复兴时期的著名文学家有但丁(图4-58)和彼特拉克。但丁在他的长诗《神曲》中,率先对教会的丑恶现象表达了憎恶;彼特拉克(图4-59)的代表作是《歌集》,他最早提出要以"人的学问"代替"神的学问",被称为"人文主义之父"。薄伽丘(图4-60)是佛罗伦萨人,文艺复兴时期

图4-58 但丁·阿利吉耶里

图4-59 弗兰齐斯科·彼特拉克

图4-60 乔万尼·薄伽丘

著名文学家,代表作是用意大利方言创作的短篇小说集《十日谈》。这部书里的很多教士和贵族显现了荒淫的面目,而商人和手工业者却都表现得机智勇敢。通过故事的讲述,作者抨击了封建道德和教会的禁欲思想,宣传人生来平等,主张发展人的个性。他与但丁和彼特拉克一起被誉为文艺复兴的"文学三杰"。

文艺复兴时期的艺术领域更是群星灿烂,达·芬奇等艺术大师创作了许多杰出作品,一扫中世纪拘谨的宗教气息。作者根据自己的感受和对人类世界的细致观察,自由发挥,表现出高超的技艺。

16世纪以后,文艺复兴从意大利传播到欧洲其他国家,在文学、艺术、科学等许多方面,硕果累累,越来越多的人从封建愚昧中解放出来,开始更多地关注人及生活的世界。

3. 宗教改革

文艺复兴使天主教会的权威受到越来越多人的质疑,人们对教会精神的禁锢和腐败的批评更加激烈,要求改革教会的愿望日趋强烈。

16世纪时,天主教会在四分五裂的德意志势力很大。教会不仅在精神上统治着德意志,还从德意志掠取了大量财富,德意志因此被称为"教皇的牛奶"。1517年,罗马教皇以筹资修缮教堂为名,出售赎罪卷。教会宣称"只要买赎罪券的钱币落进钱柜叮当一响,买主兜记的那个罪人的灵魂会立刻从炼狱直飞天堂"。这种骗人的谎言激起了德意志威登堡大学教授马丁·路德的极大反感,他在当地教堂门口贴出了著名的"九十五条论纲",列举兜售赎罪券的种种荒谬,从此拉开了宗教改革的序幕。马丁·路德认为只要有虔诚的信仰,灵魂就可以获得拯救,无需购买赎罪券。他主张每个基督徒都有直接阅读和解释《圣经》的权利,而不是盲目听从教皇和教会的说教。这样的说法引起人们的强烈共鸣,宗教改革运动在欧洲许多地方兴起,形成了不受罗马教皇控制的基督教派,这些教派称为新教。新教除了路德派以外,还有加尔文派和英国国教。新教纷纷简化了宗教仪式,否定罗马教廷的权威,坚持国家权力高于教会。

在宗教改革运动的影响,千千万万的民众开始打破对罗马教会的迷信,解放了思想,人文主义得到进一步的传播和发展。

二、近代以来世界的科学发展历程

(一) 物理学的重大进展

1. 经典力学

文艺复兴运动不仅解放了人民的思想,也对科学研究产生了重要影响。16世纪末17世纪初,伽利略等人已经认识到,为了了解自然界,必须进行系统的观察和实验。伽利略(图4-61)通过实验证实,外力并不是维持运动状态的原因。通过实验,他发现了自由落体定律,大大改变了古希腊哲学家亚里士多德以来有关运动的观念,开创了以实验事实为根据并具有严密逻辑体系的近代科学,为后来经典力学的创立和发展奠定了基础。

在伽利略研究的基础上,英国科学家牛顿确认了运动的定律。1687年,牛顿出版了《自然哲学的数学原理》一书,提出了物体运动三大定律和万有引力定律等。他把地球上的物体的运动和天体的运动概括到同一个理论之中,形成了一个以实验为基础、以数学为表达形式的牛顿力学体系,即经典力学体系。这一体系对解释和预见物理现象,具有决定性意义。后来,根据万有引力定律,人们发现了海王星等。

图4-61 伽利略·伽利雷

爱因斯坦相对论的提出是物理学领域的一次重大革命。他否定了经典力学的绝对时空观,深刻地揭示了时间和空间的本质属性。他也发展了牛顿力学,将其概括在相对论力学之中,推动物理学发展到一个新的高度。

> **知识拓展**
>
> 伽利略·伽利雷(Galileo Galilei,1564—1642)是16—17世纪的意大利物理学家、天文学家、比萨大学教授。伽利略发明了摆针和温度计,他在科学上为人类作出过巨大贡献,是近代实验科学的奠基人之一,被誉为"近代力学之父"、"现代科学之父"和"现代科学家的第一人"。他在力学领域进行过著名的比萨斜塔重物自由下落实验,推翻了亚里士多德关于"物体落下的速度与重量成正比例"的学说(两个铁球同时着落),建立了落体定律;还发现物体的惯性定律、摆振动的等时性和抛体运动规律,并确定了伽利略相对性原理。他是利用望远镜观察天体取得大量成果的第一人。

2. 量子论的诞生与发展

19世纪末20世纪初,电子和放射线的发现,打开了原子的大门,人们对物质的认识深入到了原子内部。大量的实验表明,微观的粒子运动不能用经典力学的理论来说明。1900年,为了解决热辐射理论上的疑点,德国物理学家普朗克提出了量子假说。他认为,辐射像物质一样,是由具有能量的基本单位量子来实现的。这一假说宣告了量子论的诞生。

量子论与物理论学界几百年来信奉的"自然界无跳跃"的原创论发生冲突,遭到许多物理学家的反对,但也得到了一些科学家的支持。爱因斯坦利用量子理论成功地解释了观光效应,丹麦物理学家波尔提出了有关原子的量子理论。20世纪30年代,量子力学建立起来。

量子论使人对微观世界的基本认识取得革命性的进步,成为20世纪最深刻、最有成就的科学理论之一。它与相对论一起,构成了现代物理学的基础。相对论和量子论弥补了经典力学在认识宏观世界和微观世界方面的不足。它们的提出,不仅推动了物理学自身的进步,而且开阔了人们的认识世界的角度和方式。

(二) 破解生命起源之谜

1. 教会的禁锢

人从哪里来?在知识贫乏的古代,人们相信神创造了人类和世界万物。在欧洲封建社会,基督教会是封建统治的精神支柱。基督教宣扬,世界上一切,包括光、日月星辰、天空、陆地、动植物,都是由上帝创造的。在创造完这一切后,上帝又按照自己的形象,用泥土造出了人。当时,教会提出的这些神学教义被视为天经地义。

教会还指责那些敢于挑战神学说教的思想为"异端",有些不同意教会说教的人被烧死在火刑上。生物学家只能在不触犯教会禁令和神学教义的前提下,对植物的形态、生物的分类进行具体的研究,致使生物学研究进展缓慢。

2. 拉马克和早期生物进化思想

文艺复兴以后,基督教神学收到极大的冲击,面向现实世界、重视实践、崇尚理性的追求蔚然成风。17—18世纪,资产阶级革命相继发生,人们的视野不断拓宽,思想更加开放。17世纪,英国科学家胡克用自制显微镜观察软木片,发现许多被分割开的小室,他称之为细胞。18世纪下半叶起到19世纪,生物学研究陆续取得重大成果,细胞学说发展起来,为生命科学的研究奠定了基础。

在此期间,有些生物学家逐渐认识到生物界中不同物种之间不仅存在联系,而且物种是可变的。19世纪初,法国生物学家拉马克通过对自然现象的观察,提出了生物从低级向高级发展进化的观点。他肯定了环境对物种变化的影响,提出两个著名的原则——"用进废退"和"获得性遗传",即经常使用的器官就会发达,不用就会退化,后天获得的新特性有可能遗传下去。早期的生物进化思想开始出现。

3. 达尔文与进化论

1859年,英国科学家达尔文发表了《物种起源》一书,创立了生物进化论。达尔文认为,生物既不是上帝创造的,也不是一成不变的,而是进化而来的,它们经历了由低级向高级,由简单到复杂的发展过程。他提出,生物现存的物种具有共同的原始起源,不同物种的变异是"自然选择"的结果。生物为了生存和繁育后代,必须适应或对付周边环境的挑战,还必须与其他种类的生物相互竞争,同时,生物个体之间还存在着本种类内部的竞争。在这个过程中,凡是能够较好地适应环境而变异的个体,将获得较多生存和繁殖的机会,而那些发生了有害变异的个体则将遭到淘汰。那些被自然选择的微小的有利变异,通过世世代代的遗传,逐步积累为显著的变异,从而形成生物新种。这就是以自然选择为基础的生物进化学说。这一原理,被后人归纳为"物竞天择,适者生存,自然选择"。

生物进化论从根本上改变大多数人对生物界和人类在生物界中地位的看法,有力挑战了封建神学创世说。在教会和保守势力看来,这不仅是对神和宗教的极大亵渎,更是对人类尊严的莫大伤害。支持达尔文的人称他是"生物学领域的牛顿"。

(三) 从蒸汽机到互联网

1. "蒸汽时代"的到来

17世纪末,英国取得了资产阶级革命的胜利,为经济发展扫清了障碍。18世纪,随着工业的发展,使用机器进行生产成为可能。这一时期,科学技术为生产的发展提供了许多发现和发明。

18世纪60年代,英国人瓦特制成了装有冷凝器的单动式蒸汽机,大大提高了蒸汽机的功率。80年代,他又制造了联动式蒸汽机,采用曲柄机构,使往复的直线旋转运动。瓦特还在蒸汽机上增加了可自动调节蒸汽机速率的装置。他研制的蒸汽机除了用作提水外,还可以带动车床、织布机等,能够适应不同工厂的需要。此后,纺织业、采矿业、冶金业、造纸业等工业部门,都先后采用蒸汽机作为动力。

19世纪三四十年代,蒸汽机在欧洲和北美被广泛采用,人类进入蒸汽机时代。蒸汽机促使工场手工业作坊转变为机器大工业工厂,改变了人们的生活和工作环境,真正意义上的社会化大生产逐渐形成。在工业化进程中,形成了许多工业城市,英、法、美等国家成为手工业国家。蒸汽动力在交通运输工具上的应用,使得世界各地的联系更加密切,世界日益成为一个整体。

2. 电气革命的出现

在蒸汽机发挥巨大作用时,科学家对电的研究也在进行。1831年,英国科学家法拉第发现了电磁感应现象,为发电机的研制奠定了理论基础。随着发电机、电动机的发明和使用,电力开始带动电动机器,成为影响人们生产和生活的一种新能源。

发电机不断完善的同时,长距离的输变电技术也日趋成熟,不同地方的人们通过输电线可以很方便地使用发电厂传输来的电。这样,工业获得了比蒸汽机更强大、更方便的动力,而且使机器的使用更加普遍、更多的工业部门涌现出来,生产技术也更加先进。工业生产出现了新的技术革命浪潮,促进了工业的迅速发展,这就是第二次工业革命,也称为电气革命。

电气技术的广泛应用,使城市的面貌和人们的社会生活发生了巨大的变化。电灯使城市的夜晚亮如白昼,电车使城市居民出行更加方便,电梯使摩天大楼越建越高,电话使相隔千里如同近在咫尺,电冰箱、洗衣机、电熨斗等的使用大大减轻了人们繁重的家务劳动,电影和电视丰富了人们的业余生活。

生产力的迅速发展迅猛改变着社会结构和世界形势,资产阶级掌握了先进的生产力,实力日益壮大,开始确立对世界的统治。企业的规模也越来越大,生产和资本的集中促成了垄断组织的形成。

三、19 世纪以来世界的文学艺术

(一) 文学的繁荣

1. 浪漫主义文学

18 世纪末至 19 世纪 30 年代的欧洲,革命和战争频仍,动乱不已。政治中的黑暗,社会的不平等,使人们感到法国大革命后确立的资本主义制度远不如启蒙思想家描绘的那样美好。社会各阶层,特别是知识分子,对启蒙思想家设想的"理性王国"深感失望,努力寻找新的精神寄托。这种社会情绪反映在文学创作领域,就产生了浪漫主义文学。

浪漫主义文学在政治上反对封建制度,不再刻意突出人的理性,而是深入发掘人类的感情世界,通过瑰丽的想象和夸张的手法塑造特别迷人的人物形象。在创作风格上,以想象力丰富的构思和跌宕起伏的情节为主要特征。

这一时期,西欧的浪漫主义文学硕果累累。在法国,雨果的《巴黎圣母院》典型地表现了浪漫主义与文学的特征。他以情节的离奇和对人物性格入木三分的刻画,歌颂了人世间的美、善和光明,鞭笞了丑、恶与黑暗。在英国,雪莱的《解放了的普罗米修斯》,鼓励人们为争取自由和理想而斗争。在德意志,诗人海涅在长诗《德国·一个冬天的童话》里,对自己国家的分裂和落后、君主专制的腐败和资产阶级的软弱进行了抨击,抒发了强烈的爱国情怀。

2. 现实主义文学

19 世纪 30 年代以后,欧美资本主义国家的社会矛盾日趋尖锐,现实主义文学兴起,逐渐成为文学的主流。它关注社会问题,典型地再现社会风貌,深入剖析社会生活的本质,揭露和批判社会的罪恶。

法国巴尔扎克的《人间喜剧》,展现了 19 世纪上半期法国社会生活的方方面面,甚至被称为资本主义的《大卫·科波菲尔》等,通过对社会下层生活的描述,真实反映了当时法国的社会状况。

19 世纪,处于沙皇专制和农奴制度下的俄国,也涌现出一批现实主义文学家。列夫·托尔斯泰的长篇小说《安娜·卡列尼娜》等成为享誉世界文坛的名著。这一时期,北欧现实主义文学业发展起来。挪威易卜生的"社会问题剧",揭露资产阶级的唯利是图和资产阶级民主的虚伪。

美国作家马克·吐温的作品,批判了美国社会中的种族歧视现象,痛斥了资本主义金钱至上的丑恶本质。

3. 20 世纪的世界文学

20 世纪早期,现实主义作家创造了大量优秀作品,如英国萧伯纳的《苹果车》、法国罗曼·罗兰的《约翰·克里斯朵夫》等。但是,两次世界大战、席卷资本主义世界的经济危机和严重的社会问题,深刻影响了文学的发展,表现西方社会精神危机的现代主义成为文学主流。现代主义文学强调集中表现自我;手法比较怪诞,故事的开头和结尾没有明显的理由,故事背景模糊不清,因果关系不明,语言风格悖离传统。美国作家海明威在继续进行现实主义创作的同时,也奉献了大量现代主义作品,其代表作是《老人与海》。法国剧作家贝克特的《等待戈多》是现代主义文学荒诞派的典型代表。

20 世纪上半期,苏联文学高度繁荣。高尔基的小说《母亲》和奥斯特洛夫斯基的《钢铁是怎样炼成的》,产生了很大的世界影响。

20 世纪,亚洲、非洲、拉丁美洲涌现出一批杰出的文学家和文学作品,反映了反帝反殖的爱国主义精神。印度的泰戈尔、中国的鲁迅、哥伦比亚的马尔克斯、尼日利亚的索卡因等都有很大的世界影响。

(二) 美术的辉煌

1. 从新古典主义美术到浪漫主义美术

18 世纪末 19 世纪初,法国处于大革命前后的剧烈动荡中。在资产阶级对古希腊罗马英雄主义精神的追求中,新古典主义美术诞生了。它强调理性,往往以古代历史和现实重大事件作为题材。在表现形式上,它突出理性,注重画面的严整与和谐。

法国画家大卫是杰出的新古典主义美术画家。他的画坚持严谨的造型,强调素描的完整性和准确性,并且多以英雄人物为刻画的对象,代表作有《马拉之死》、《拿破仑加冕》(图4-62)等。他们表现了法国大革命和拿破仑统治时期的重要历史事件和人物,生动再现了这一时期法国重要的历史画面。法国画家安格尔的作品《泉》,充分展现了人体美与古典美的完满结合。

图4-62　拿破仑加冕

拿破仑统治结束后,人们对资产阶级启蒙思想家推崇的"理性王国"感到失望,寻求新的精神寄托。这种情绪反映在创作领域中,产生了浪漫主义美术。它注重表现人的感情,运用鲜明色彩和奔放笔法,强调画面整体的完整统一,但不拘泥于局部和细节的过分描绘和刻画。浪漫主义美术特别强调色彩的作用,使画面丰富多彩,辉煌瑰丽。19世纪前期,法国浪漫主义画家德克洛瓦的代表作《自由引导人民》,典型表现了这一画派的风格特征。

2. 现实主义美术和印象派

19世纪中期,兴起了注重表现社会现实主义美术,代表人物有法国的米勒、俄国的列宾等。米勒的作品主要反映农民的生活和情感,代表作有《播种者》、《拾穗者》等。俄国画家列宾满怀强烈的民族忧患意识,深刻展现了俄国的社会现实,对劳动人民的悲惨处境寄予深切同情,表达了他们对美好生活的憧憬和渴望,他的代表作是《伏尔加河上的纤夫》。

19世纪后半期,随着社会经济的发展和科学技术的进步,一批青年画家以"不关心主题思想"为宗旨,反抗保守陈腐的主题思想。他们借助当时光学领域的新成就,醉心于光和色的研究,强调捕捉光和色之下世界万物的"瞬间印象",表现微妙的色彩变化。印象派因法国画家莫奈的作品《日出·印象》而得名。

到19世纪末20世纪初,印象画派进一步发展,强烈主张个性的抒发。作品大多线条粗犷、形式夸张、色彩明快,富于装饰韵味。荷兰的梵高是这一时期印象派的著名代表,被称为"扑向太阳的画家"。他的作品《向日葵》让人感受到灼热阳光下的灿烂。法国画家塞尚擅长画静物,色彩反差强烈,立体感强,被称为"现代绘画之父"。

3. 现代主义美术

20世纪的两次世界大战,给人们的心灵造成巨大创伤;伴随工业化而来的快节奏加剧了人们的紧张感,传统的艺术表现形式已无法满足人们的精神需求。科技的发展扩展了艺术家认识世界的视野,他们尝试用新的表现形式和艺术精神进行创作。他们开创的形形色色与传统美术迥然不同的新流派,统称为现代主义美术。它的主要特征是反传统和反理性,重视艺术家内心的"自我感受"和"自我表现",流露出艺术家的愤怒、消极、悲观、失望等各种复杂心理。

西班牙画家毕加索是最有影响力的现代主义美术大师之一。他的作品《格尔尼卡》通过一系列变形的图案组合,控诉了法西斯德国空军轰炸西班牙城市格尔尼卡的罪行。

二次大战后,现代主义美术进一步发展,出现了五花八门的表现形式,反映了当时欧洲各国知识分子的精神困惑。人们面对这些令人眼花缭乱的艺术形式,会感到一时新奇和刺激,也对到底什么是艺术产生了长久的迷惘。

(三) 音乐与影视艺术

1. 19 世纪的音乐流派与杰作

19 世纪,浪漫主义音乐在欧洲兴起。它注重抒情、自传性和个人心理刻画的形式,突出人的感受。到 19 世纪中叶,浪漫主义音乐走向鼎盛时期。

德意志音乐家贝多芬的晚期作品,是连接古典主义和浪漫主义音乐的桥梁。在他的交响乐作品中,表达了反对封建专制、歌颂资本主义的思想情感。浪漫主义音乐的杰出代表还有奥地利的约翰·施特劳斯,他被誉为"圆舞曲之王",作品旋律优美,节奏轻快,以《蓝色的多瑙河》最为著名。

19 世纪,欧洲的歌剧也取得了辉煌成就。意大利音乐家威尔第创作了歌剧《茶花女》等,他的作品表达了强烈的爱国主义思想和民族意识。法国歌剧家比才的作品《卡门》,淋漓尽致地表现出浪漫主义色彩。同时,也出现了弘扬本民族特征的民族乐派。19 世纪中后期,俄国的民族乐派音乐兴起,柴科夫斯基的芭蕾舞剧《天鹅湖》等是世界闻名的杰作。

2. 20 世纪世界音乐的发展变化

20 世纪,现代主义音乐兴起,轻松活泼,通俗易懂,在世界各地广为流传。起源于 19 世纪末的美国爵士乐,在第一次世界大战后受到空前欢迎。

第二次世界大战后,以摇滚、蓝调和爵士等为代表的音乐更加通俗化,吸引了无数观众。新时代大众心理的变化,特别是青少年反派精神的增长,使摇滚乐成为流行音乐的主流。20 世纪 50 年代初,摇滚乐《围着时钟摇吧》对美国青少年造成巨大震撼。20 世纪 60 年代,摇滚乐在美国更加火爆,出现了《时代在改变》等作品。英国的披头士乐队在西方也有很大影响。

随着传播技术的革命和交通的日益便捷,日益繁荣的流行音乐活动改变着人类娱乐和生活方式。各国间的音乐交流和交融日益增强,加深了对不同民族音乐的理解和尊重,推动着世界音乐的繁荣。

3. 影视艺术的产生与发展

19 世纪晚期,人类社会进入电气时代,科学技术的长足进步为电影的出现提供了技术和物质的基础。19 世纪末,法国卢米埃尔兄弟制成兼有拍摄和放映功能的活动电影机。1895 年底,他们首次向公众放映自己拍摄的电影短片,这标志着电影的诞生。20 世纪初,美国人格里菲斯拍摄和导演了集故事性和艺术性于一身的电影作品,如《一个国家的诞生》等。但是最初的电影是黑白无声片成为"默片"。这一时期,苏联电影事业迅速发展,拍摄了《波将金号战舰》等影片。

1927 年,美国首次拍摄成功有声音、有对白、有音乐和歌声的有声影片,电影进入有声片时期。1935 年,世界上第一部彩色电影《浮华世家》拍摄成功。二次大战后,电影技术随着科学技术的发展日新月异,宽银幕和立体声电影等相继问世。

20 世纪 20 年代中期,电视出现。1929 年,英国伦敦首次播送了电视节目,30 年代播出世界上第一部电视剧,首次开办每天两小时的电视广播。30 年代末,英国拥有电视机的家庭已达两万户。40 年代初,美国开始试播彩色电视节目。

二次大战后,在第三次技术革命的推动下,电视进入大规模的普及运用阶段。电视节目,从直播发展到实况录像转播,从多路传播发展到卫星转播。电视节目的内容极为丰富,电视传播覆盖范围十分广泛。有人把电视艺术称为艺术大家庭的"第八艺术"。

影视艺术反映人类在科学技术方面的进步,有直接敏锐的回应,影响文明的发展和社会风尚的变化,满足人们各式各样的审美需要和精神追求,对社会生活的影响日益深刻和广泛。

讨论题

1. 董仲舒宣扬儒家思想与汉武帝的大一统政治要求之间是什么关系呢?
2. 毛泽东思想和邓小平理论都是中国人民建设社会主义的思想结晶,两者之间有哪些联系,又有哪些差别呢?请归纳。

活动题

你了解中国的绘画艺术吗?它和卡通画有何不同?在计算机流行的今天,你认为练习书法还有用吗?

第五章

对外交往

第一节 中国古代至近代的对外关系

我国同世界各国的交往是逐步发展的,先是从周围的邻国开始,如朝鲜、日本、东南亚,以后逐渐扩展到印度、波斯、阿拉伯,最后到欧洲、东非和北非。

一、秦汉时期

这一时期主要往来的仅限于近邻的朝鲜、日本、越南、泰国、柬埔寨、缅甸等一些国家,直到东汉晚期才和西亚、欧洲有了正式直接往来。

图 5-1 昭君出塞

(一) 秦汉与匈奴和战

秦并六国时期,匈奴乘机入居河南地①,直接威胁秦都咸阳。秦始皇统一六国后,派蒙恬北击匈奴,夺取河南等地,并修筑长城防御匈奴。

匈奴是中原以北的强大游牧民族。匈奴人善骑射,住毡帐,穿皮裘,逐水草而居,靠放牧为生,吃畜肉,喝畜乳。战国末年,匈奴开始强大,与秦、赵、燕三国毗邻,经常深入中原掳掠,秦、赵、燕只好"筑长城以拒胡"。

秦汉之际,匈奴再次强盛。匈奴冒顿以30万精锐骑兵东败东胡,北服丁零,西逐大月氏,重新占领河套地区,形成与中原王朝对峙的奴隶制,中国北部第一次出现农牧政权分立的局面。此后,两种文明时常发生碰撞。

(二) 张骞出使西域

西域是指玉门关、阳关以西,即新疆及其以西的广大地区。武帝欲联合西域各国共击匈奴,派张骞两次出使西域(图5-2)。公元前138年,张骞第一次出使西域,西行至大宛,经康居,抵达大月氏,再至大夏等国,获得大量西域物资,同时向西域各国宣传了汉朝。因张骞在西域有威信,后来汉所遣使者多称博望侯以取信于诸国。

公元前119年,张骞再次出使西域,到达更多国家。西域各国陆续派人随汉使到长安,开启了西域各国与汉朝

图 5-2 张骞出使西域图

---

① 河南地,今河套地区。

频繁交往的时代。

张骞,汉中城固人。他是一个意志力极强、办事灵活而又胸怀坦荡、善于待人处事的人。他出使中途即被匈奴截留下来,在匈奴生活十多年,始终保持着汉朝的特使符节。匈奴单于让他娶当地人做妻,已经生了儿子,也没有动摇他一定要完成任务的决心。

(三)丝绸之路

张骞出使西域后,各国使者、商人、传教士等沿着张骞开通的道路,来往络绎不绝。大量丝帛锦绣沿着张骞开辟的通道不断西运,西域的珍稀物品也陆续输入中原,这条要道就是著名的"丝绸之路"。

中国的张骞两次通西域,开辟了中外交流的新纪元,有力地促进了中国同中亚、西亚、南亚诸国的经济文化交流,对促成汉朝的兴盛产生了积极的作用。公元前60年,西汉设西域都护,管理西域军事、政治,保护商旅往来,这标志着西域开始正式归属中央政权。

秦汉时期,除了沟通中原和西域的陆上丝绸之路之外,还有一条联络中国东南亚的海上丝绸之路和一条从四川地区通向印度的西南陆上丝绸之路。这两条丝绸之路,加强了我国西南、东南地区与海外各国的联系。

海上丝绸之路由汉朝黄门译使①和商人开辟。他们从中国广东沿海的港口出发,沿着海岸线向西、再顺印支半岛向西南下,绕过今马来半岛,出马六甲海峡,到孟加拉湾沿岸各国,最远抵达印度半岛和斯里兰卡,这是世界上最早的远航贸易线。

西南丝绸之路,从四川出发,经云南、过缅甸,最后到达印度。这条交通线的开通,不仅加强了中原和西南地区的联系,而且为中缅、中印的友好往来创造了条件。

(四)秦汉与朝鲜日本的往来

朝鲜和日本,是中国的近邻,早在先秦时期就与我国有着密切的往来。

汉朝时,朝鲜半岛南部诸国曾多次派使臣来中国。中朝双方经济贸易频繁,朝鲜特产文豹、果下马、斑文鱼等输入中国,中国的铁器、铜镜、漆器和丝绸等大量输入朝鲜。

中日两国一衣带水,也有着悠久的友好交往历史。汉武帝时期,日本有"使译通于汉"。东汉光武帝时期,日本向朝廷奉贡朝贺,光武帝赐给使者印绶。汉朝的铁器、铜器和丝帛等传到日本。

二、隋唐时期

隋唐时期,我国封建经济处于繁荣上升阶段,对外经济文化交流也大大发展。中国的经济文化处于世界先进地位,对外交通发达。陆路,从长安出发,向东可以到达朝鲜,向西经过丝绸之路,可以通往印度、伊朗、阿拉伯等国家。海路,从登州、扬州出发,可以到达朝鲜、日本;从广州出发,可以到达波斯湾。

隋朝时期,中国和十几个国家通商;唐朝发展到七十多个国家。唐朝实行较为开明的对外政策,加强了唐朝政府的对外联系,促进了中华民族的大一统,大大地拓展了疆土,实现了民族的融合。唐朝在世界上享有很高的威望,由此国人被称之为"唐人"。

(一)与新罗的友好往来

朝鲜半岛的新罗,和唐朝来往频繁。唐朝的留学生,以新罗为多,最著名的是崔致远。唐朝长安和沿海城市,设有"新罗坊"、"新罗馆",供众多的新罗商旅住宿。隋唐的人喜爱朝鲜音乐。中国儒家思想传入新罗的同时新罗开始效仿唐朝的律令制度进行改革,设立国学,讲授儒家经典,实行科举制度。新罗从唐朝引入茶种和雕版印刷、制瓷(图5-3)等手工技艺。

图5-3 新罗的陶器

---

① 黄门译使,汉朝黄门官署派出的翻译官。

(二) 与日本的频繁交往

隋朝和日本就有使臣往来。唐朝自贞观年间开始,日本派出的使者有13次之多,使团庞大,一次达五六百人。日本以唐朝的制度作为改革的蓝本,进行社会改革,律令也参照大唐律令制定。都城完全仿照长安城来建造,学校以儒家经典为教材,以隆重的礼仪祭祀孔子。两国的贸易往来频繁,后世日本出土了大量的"开元通宝",在中国出土了日本奈良时期的银币。日本的吉备真备、阿倍仲麻吕和中国的高僧鉴真对中日关系作出了突出的贡献。

鉴真(图5-4),唐朝僧人,江苏扬州江阳县人,律宗南山宗传人,日本佛教律宗开山祖师,著名医学家。日本人民称鉴真为"天平之甍",意为他的成就足以代表天平时代文化的屋脊。鉴真不仅为日本带去了佛经,还促进了中国文化向日本的流传。在佛教、医药、书法等方面,鉴真对于日本有极其深远的影响。

图5-4 鉴真铜像

(三) 和东南亚、印度半岛各国的往来

隋唐时期,中国和今天的越南、泰国等东南亚国家都有往来,彼此互派使节,交换商品。天竺,对印度的旧称,一再遣派使者来唐,送来郁金香、菩提树等,唐太宗也派人去学习熬糖的技术。由于佛教的盛行,中国和印度半岛各国的交往加强,而中国的高僧玄奘则在中印文化交流中起了非常重要的作用。

玄奘(图5-5),俗姓陈,名祎,出生于洛阳偃师,出家后遍访佛教名师,汉传佛教史上最伟大的译经师之一,中国佛教法相唯识宗创始人。

太宗贞观三年,玄奘从京都长安出发,历经艰难抵达天竺,游学于天竺各地。贞观十九年回到长安,在大慈恩寺等寺院进行研究和翻译佛经直到圆寂。玄奘所译佛经,多用直译,笔法谨严,所撰有《大唐西域记》,为研究

图5-5 玄奘铜像

印度以及中亚等地古代历史地理的重要资料。玄奘的故事在民间广泛流传,例如《西游记》中心人物唐僧,即是以玄奘为原型。

(四) 和西亚欧非各国的交往

隋唐时期,中国和波斯①都互派使节。唐朝时期,波斯国王卑路斯及其儿子因波斯遭遇大食②的侵略而先后向唐朝求援,后客死唐朝。波斯商人在中国开店经营生意,贩卖珠宝、香料。自从唐高宗时期,两国互派使者,此后一个半世纪里,中国和大食互派使者不曾中断过。伊斯兰教就是从大食传入中国的,而造纸术则是由中国传入到大食的。

东罗马和唐朝也有使节往返。东罗马的医术、杂技传入中国。唐朝的丝绸、瓷器大量运往欧洲。唐朝的瓷器运往非洲,那里出土的陶瓷残片,有唐三彩、邢窑、越窑等。

三、宋元时期

由于自北宋开始,封建社会中商品经济发展,内外贸易繁荣,对外航运也突飞猛进,尤其是海上运输,在世界名列前茅。宋元时,在南中国海和印度洋上中国船队是最活跃的船队。

---

① 波斯,今伊朗。
② 大食,唐朝人称阿拉伯为大食。

(一)海上丝绸之路的大发展和四大发明的西传

我国自西汉时期开辟的与南海诸国以及印度、斯里兰卡从事贸易往来的"海上丝绸之路",到了五代、辽、宋、金时期有了新的发展。两宋时,海外贸易超过前代。泉州是当时世界上最大的贸易港口之一。两宋与越南频繁交往。

南宋与印度尼西亚的交往密切,同波斯、阿拉伯地区交往频繁。经过这些地区,我国的造纸术、印刷术、火药和指南针等四大发明得以传到欧洲,对世界文明的发展起到了积极作用。

(二)元朝时中外文化的交流

元朝时期,中外人员往来频繁。道教大师丘处机漫游中亚各国,有《长春真人西游记》传世;旅行家、外交家拉班·扫马足迹到达罗马、巴黎等地,成为达到西欧并留下正式记录的第一个中国人。

来自意大利的世界著名的旅行家和商人马可·波罗(图5-6),在中国游历了17年,曾访问当时中国的许多古城,到过西南部的云南和东南地区,并把他在东方的见闻写成著名的《马可·波罗行记》,激起了欧洲人对东方的热烈向往,对以后新航路的开辟产生了巨大的影响。

元朝时期,中外文化交流空前繁荣。中国的罗盘、火药、印刷术(图5-7),经中亚、阿拉伯地区,传到欧洲各国。古希腊的自然科学也传入了中国。中国的植棉、织布和造火药等技术传到高丽。高丽的土产品人参、水獭和虎豹皮则传入中国,深受中国人的喜爱。日本为了发展其印刷业,从中国招聘雕印工匠。

图5-6 马可波罗画像

13世纪末,波斯采用中国的办法印发纸币,并且直接使用纸币的中国名称——"钞"。14世纪,欧洲开始出现印刷技术,在雕板、用纸、用墨、装订方面,都与中国传统技术相似。

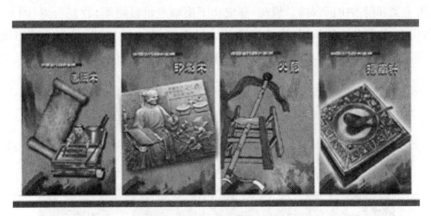

图5-7 中国的四大发明

元末,高丽使者从元朝将棉花籽带回国内试种。随后,元朝的一位僧人将棉纺织技术传授给高丽人民。

四、明清时期(鸦片战争前)

(一)郑和下西洋

明朝初期,国家禁止私人对外交往,为了宣扬国威,加强对外联系,满足统治者对异域珍宝特产的需求,明成祖垄断了宋元以来日渐发达的海外贸易,派郑和出使西洋。在1405年至1433年期间,郑和先后七次下西洋,访问过亚非三十多个国家和地区,最远到达非洲东海岸和红海沿岸地区。

郑和下西洋,推动我国古代航海事业达到顶峰,成为十五、十六世纪世界大航海时代的先驱。郑和下西洋是世界古代航海史上时间早、规模大、技术先进、活动范围广的洲际航海活动。同时，在一定程度上也传播了中华文明，促进了中外文化的双向交流和共同进步。

但是，郑和下西洋的目的不是发展海外贸易，最终随着明朝国力衰退，大规模的航海的壮举也悄然结束。

郑和下西洋率领200多艘海船、2.7万多人七次远航西太平洋和印度洋，到达过爪哇、苏门答腊、苏禄、彭亨、真腊、古里、暹罗、榜葛剌、阿丹、天方、左法尔、忽鲁谟斯、木骨都束等三十多个国家，最远曾达非洲东部、红海、麦加，并有可能到过澳大利亚、美洲和新西兰，加深了明王朝和南海（今东南亚）、东非的友好关系。

（二）戚继光抗倭

明朝中期，海防松弛，由于日本国内形势的变化，日本的武士、商人和浪人到中国沿海地区进行武装走私和抢劫烧杀的海盗活动，历史上称之为"倭寇"。中国沿海地区一些奸商，与倭寇相勾结，共同抢掠分赃，倭患愈演愈烈。

1955年，明代著名抗倭将领戚继光（图5-8）积极抗御倭寇，率领戚家军，在台州九战九捷，取得抗倭斗争的重大胜利。后来，他又率领军队开赴福建、广东，与俞大猷会师，歼灭广东的倭寇。至此东南沿海倭患基本完全肃清。

图5-8 戚继光画像

（三）葡萄牙人租占澳门

从16世纪开始，葡萄牙殖民者就不断侵扰我国东南沿海地区。1553年，葡萄牙殖民者借口货船避风及晾晒物品，向明朝地方官行贿，获得允许。上岸后搭棚建屋，长期入据澳门。1572年以向中国政府交纳地租，开始其盘踞澳门的时期。中英鸦片战争后的1849年，澳门总督阿玛勒宣布停止向中国政府缴纳地租，实行强据澳门。

（四）郑成功收复台湾

明末，荷兰殖民主义者侵占中国台湾。清初，郑成功下决心赶走侵略军，收复台湾（图5-9）。1661年，郑成功亲率2.5万名将士，分乘几百艘战船，浩浩荡荡从金门出发，在台湾登陆，受到台湾当地居民的欢迎和支持，经过激烈战斗，打败了敌人。至此，郑成功从荷兰侵略者手里收复了中国神圣领土台湾。

图5-9 郑成功收复台湾

郑成功祖孙三代在台湾发展农商，提倡文教，保境安民。1683年，郑成功的孙子郑克塽降清。第二年，清朝政府设台湾府，隶属福建省。

(五) 雅克萨之战

俄国直至16世纪时,仍是欧洲一个不大的封建农奴制国家,同中国相隔万里。16世纪初,俄罗斯统治者逐步对外侵略扩张。1632年,沙俄扩张至西伯利亚东部的勒拿河流域后,建立雅库茨克城,作为南下侵略中国的主要基地。明清之际,清军主力入关,东北边界一时空虚,俄国侵略者乘机入侵中国雅克萨和尼布楚等地。

清政府派人勒令雅克萨等地的沙俄侵略军迅速撤离。俄军头目不予理睬,反而不断扩大侵略继续增兵。为了捍卫祖国的领土主权完整,康熙帝亲自巡视东北,决心组织自卫反击战。1685和1686年,康熙命令清军两次围攻盘踞在雅克萨的俄国侵略军。俄国侵略军伤亡惨重。俄国政府被迫同意谈判解决中俄东段边界问题。(图5-10、图5-11)

图5-10 雅克萨之战

图5-11 雅克萨之战的中方指挥官萨布素

雅克萨反击战结束后,双方于1689年缔结了《中俄尼布楚条约》,规定以外兴安岭至海格尔必齐河和额尔古纳河为中俄两国东段边界,黑龙江以北,外兴安岭以南和乌苏里江以东地区均为清朝领土。

中俄《中俄尼布楚条约》从法律上肯定了黑龙江和乌苏里江流域包括库页岛在内的广大地区都是中国领土。

第二节 现代中国的外交关系

一、中华人民共和国成立初期的外交

(一) 独立自主的和平外交方针

1949年,毛泽东在开国大典上宣告:中华人民共和国中央人民政府是中国唯一的合法政府。凡愿遵守平等、互利及互相尊重领土主权等原则的任何外国政府,本政府均与之建立外交关系。这是我国独立自主的和平外交方针。新中国成立初期,毛泽东先后提出了中华人民共和国的基本外交方针:"另起炉灶","打扫干净屋子再请客","一边倒"。

所谓"另起炉灶"是指废除国民政府与各国建立的一切旧的屈辱的外交关系,中华人民共和国要在新的基础上与其他国家建立新的平等的外交关系。"打扫干净屋子再请客"是指先清除帝国主义在华的残余势力和特权,然后再考虑与他们建立外交关系的问题。"一边倒"是指面对两大阵营尖锐斗争的国际环境,将坚定地站在以苏联为首的社会主义阵营一边。

(二) 和平共处五项原则的提出

在中华人民共和国成立之初,美国等一些帝国主义国家对中国采取政治上不承认、经济上封锁禁运、军事

上包围威胁的政策,企图把中华人民共和国扼杀在摇篮里。

但是,中华人民共和国独立自主的和平外交方针对中国外交外交关系起到了非常积极的作用,通过开展多方外交活动,在中华人民共和国成立的第一年里,同苏联、保加利亚等17个国家建立了外交关系。

中华人民共和国还积极同邻国和新兴的民族独立国家发展友好合作关系。1954年,周恩来总理倡导以和平共处五项原则作为处理两国关系的准则。

和平共处五项原则的内容是:互相尊重主权和领土完整、互不侵犯、互不干涉内政、平等互利、和平共处。它的提出,标志着新中国外交政策的成熟。

1953年底,中国政府同印度就两国在西藏地区的关系问题进行谈判。12月31日,在同印度政府代表团谈话时,周恩来首次提出按照"互相尊重领土主权、互不侵犯、互不干涉内政、平等互利、和平共处"五项原则,作为处理两国关系的原则。1954年,周恩来又先后访问印度和缅甸,并与时任印度总理尼赫鲁、时任缅甸总理吴努分别发表"联合声明",双方一致同意以和平共处五项原则作为指导中印、中缅两国关系的基本原则。

50年代初,中国还积极参加国际会议。1954年,中国第一次以世界五大国之一的地位,参加日内瓦国际会议,为恢复印度支那和平达成协议起了积极作用。

1955年,中国参加在印度尼西亚万隆举行的亚非国家首脑会议,周恩来提出"求同存异"的方针,促进会议圆满成功。

亚非会议加强了中国同亚非各国的联系。亚非会议以后,中国大力发展与亚洲、非洲和拉丁美洲国家的友好关系,与许多国家建立了外交关系。

万隆会议是1955年4月18—24日在印度尼西亚万隆召开的反对殖民主义,推动亚非各民族独立的会议,又称第一次亚非会议。中国总理周恩来率代表团参加。会议广泛讨论了民族主权和反对殖民主义、保卫世界和平及与各国经济文化合作等问题,一致通过了包括经济合作、文化合作、人权和自决、附属地人民问题和关于促进世界和平和合作宣言等部分的《亚非会议最后公报》,确定了指导国际关系的10项原则。

二、外交关系的突破

(一) 中国重返联合国

二战结束后,在中、苏、美、英、法等国的倡议下,一个旨在维护世界和平的国际组织——联合国,宣告成立。中国成为联合国的创始国和安理会5个常任理事国之一。

中华人民共和国成立后,中华人民共和国政府作为代表全中国人民的唯一合法政府,理所应当地享有中国在联合国的席位。但是,由于美国的阻挠,中华人民共和国在联合国的合法席位被逃到台湾的蒋介石集团所占据。

中国政府为恢复在联合国的合法席位,进行了不屈不挠的斗争。随着新中国的国际威望不断提高,越来越多主持正义的国家,支持中国重返联合国。

1971年10月25日,在美国纽约联合国总部举行的第26届联合国大会上,恢复中华人民共和国在联大的合法席位和驱逐台湾国民党集团代表的提案,以压倒多数被通过。中国在联合国的合法权利终于被承认了,这是中国和广大主持正义的国家长期斗争而取得的重大胜利。

图5-12　美国总统尼克松访问中国

(二) 中美关系解冻

1972年,美国总统尼克松访问中国(图5-12)。2月27日,在上海发表了《中美上海公报》。公报指出:"双方同意,各国不论社会制度如何,都应根据尊重各国主权和领土完整、不侵犯别国、不干涉别国内政、平等互利、和平共处的原则来处理国与国之间的关系。"公报还指出:"中美两国关系走向正常化是符合所有国家的利益的。"公报开辟了中美关系的新前景,结束了二十多年来的对抗,两国关系正常化。

(三) 中日关系的发展

中美关系的缓和，直接推动了中日关系的发展。1972年，日本首相田中角荣访华，签订了中日两国关系正常化的协定。接着，出现了一个同中国建交的热潮，许多国家先后同中国建立了外交关系。

三、新时期的外交政策与成就

(一) 外交政策的调整

80年代，由于国际形势的发展变化和国内社会主义建设的需要，中国的外交政策进行了重大调整，把反对霸权主义和强权政治，维护世界和平作为我国的国策；坚持奉行独立自主的和平外交政策，不同任何国家结盟①，在和平共处五项原则的基础上同任何国家发展友好合作关系。

重视同第三世界国家发展关系，在经济文化等方面进行广泛的合作交流。积极开展同周边国家的睦邻友好关系。坚持实行对外开放政策。

(二) 新中国在国际外交舞台上的表现

新时期中国外交政策的调整，开创了中国外交的新局面。对世界和平与发展作出了重大贡献。

中国恢复在联合国的合法席位以后，积极参加了联合国及其专门机构和其他国际组织的活动，开展了以联合国为中心的多边外交，改善和发展了同世界各国之间的关系，与俄罗斯、美国、日本等国建立了不同类型的"伙伴关系"。

第三节　第二次世界大战后的国际关系

一、冷战及两极格局

(一) 冷战的兴起

第二次世界大战后期，在雅尔塔等国际会议上，美、英、苏等国讨论了结束战争、处理战争遗留问题和战后和平等问题，达成了若干协议。这样，以美苏为主导的国际关系新体系——雅尔塔体系确立。第二次世界大战结束后，美国和苏联失去了战时同盟的基础，双方关系开始发生变化。

美国经济、军事实力急剧膨胀，科学技术水平居领先地位，成为资本主义世界的头号强国，从而确立了称霸世界的全球战略目标。苏联的实力不断增强，社会主义国家在世界上的影响日益增大，引起了西方国家特别是美国的敌视。美苏两国在社会制度和国家利益上的矛盾也日益加剧，苏联成为美国称霸世界的最大障碍。

1946年3月，丘吉尔在美国发表反苏、反共演说，又称"铁幕"演说(图5-13)。主张英美结盟并联合其他西方国家，共同遏制苏联，对抗世界共产主义运动。这个演说，实际上揭开了美国对苏联实施冷战的序幕。

图5-13　丘吉尔发表"铁幕"演说

---

① 第五届全国人大常委会第七次会议通过决定：1980年《中苏友好同盟互助条约》30年期满后不再延长。

图 5-14 杜鲁门

1947年3月,美国总统杜鲁门(图5-14)在国会发表国情咨文,要求美国援助"受到共产主义威胁的希腊和土耳其",并公开宣称,美国要在世界一切地方遏制共产主义的扩张。这一纲领被称为"杜鲁门主义"。苏美从此进入了冷战时期。

冷战是指第二次世界大战后,美国和苏联及他们的盟友在1945年至1991年间在政治和外交上的对抗、冲突和竞争,标志事件是由丘吉尔的——"铁幕演说"开始,苏联入侵阿富汗、古巴导弹危机、柏林墙等。由于第二次世界大战刚结束,在这段时期,虽然分歧和冲突严重,但对抗双方都尽力避免导致世界范围的大规模战争(世界大战)爆发,其对抗通常通过局部代理人战争、科技和军备竞赛、外交竞争等"冷"方式进行,即"相互遏制,却又不诉诸武力",因此称之为"冷战"。

(二)两极对峙格局的形成

杜鲁门主义提出后不久,美国国务卿马歇尔提出了援助西欧的"欧洲复兴计划",即"马歇尔计划"。

苏联和东欧国家针锋相对,1947年成立了"共产党和工人党情报局"[①],1949年成立了经济互助委员会,简称经互会。

1949年,为了遏制苏联,加强对西欧的控制,在美国的策动下,美国、加拿大、英国、法国等12个国家在华盛顿集会,签订《北大西洋公约》,成立了北大西洋公约组织,简称北约。

1955年,为了对抗北约,苏联被迫采取针锋相对的措施,与东欧七国在波兰首都华沙签订《友好结盟互助条约》,组成华沙条约组织,简称华约。从此,欧洲出现了北约和华约两大军事政治集团对峙的局面,标志着美苏两极格局正式形成。

(三)冷战局面下的国际关系

"冷战"期间,爆发了美苏发动或参与的局部"热战",从而加剧了世界的紧张局势,形成了全面"冷战"和局部"热战"的局面。

德国投降后,被苏美英法四国分区占领,如何处置德国是苏美斗争的焦点之一。由于苏美冷战加剧,双方就德国统一问题的谈判未能达成协议。1949年,德国分裂,德国西部和东部先后分别成立了德意志联邦共和国和德意志民主共和国。(图5-15)

图 5-15 柏林墙的修建

[①] 成员国有苏联、波兰、南斯拉夫、保加利亚、罗马尼亚、匈牙利、捷克斯洛伐克、法国、意大利。总部设在贝尔格莱德,1948年南斯拉夫被开除后,总部迁至布加勒斯特。该组织1956年4月解体。

1. 抗美援朝

1950年6月,朝鲜内战爆发。美国迅速以武力干涉朝鲜内部事务,以美国为首的"联合国军"越过三八线,入侵朝鲜,把战火一直烧到中朝边境。同时美军舰队进犯台湾海峡,侵犯了中国主权。10月,中国人民志愿军抗美援朝,保家卫国。1953年,美国被迫签订停战协定,朝鲜战争结束。朝鲜战争使中美关系彻底破裂,美国采取遏制中国的政策,"冷战"从欧洲扩大到亚洲。

2. 美国对越南的战争

在东南亚,第二次世界大战后,法国殖民主义者于1945年9月重返越南,占领了越南南部。越南人民在越南共产党的领导下,英勇抗击殖民者,迫使法国殖民者1954年撤出。美国趁虚而入,发动越南战争,在越南军民的英勇抗击下,美军迫使于1973年撤出越南。

越战是二战以后美国参战人数最多、影响最重大的战争,也是冷战中的"一次热战"。最先开始援助南越的美国总统是艾森豪威尔,肯尼迪开始支持在越南作战,约翰逊将战争扩大。在尼克松执政时期,美国因国内的反战浪潮逐步将军队撤出越南。北越军队和越共游击队最终打败了南越军队,攻占了全越南。

在冷战的大环境下,由于苏美双方势均力敌,彼此不敢轻易动武,从而避免了新的世界大战的爆发。面对两极格局对峙的局面,亚非拉发展中国家兴起不结盟运动,努力使自身不断发展壮大,第三世界由此崛起。

二、多极化趋势的出现

(一)欧洲共同体的形成

西欧曾经是世界上最发达的地区,在二战中,实力大损,国际地位下降,不得不依附于美国。

二战后,西欧各国的经济得到了较大的发展,不愿意像过去一样受制于美国。然而,它们当中任何一个国家的实力都无法与强大的美国和苏联相比,逐渐走上了联合发展的道路。

1967年,欧洲煤钢共同体、欧洲经济共同体和欧洲原子能共同体合并为欧洲共同体,简称欧共体(图5-16)。

英国地处欧洲,却长期亲美,抵制欧共体,结果不利于自身经济发展,转而申请加入欧共体。1973年,英国、爱尔兰、丹麦成为欧共体成员国。

欧共体成立以后,成员国之间逐步实现了商品、人员、劳务和资本的自由交流,促进了欧洲各国经济的发展,在国际舞台上发挥了日益重要的作用。

图5-16 欧洲共同体总部大厦

随着实力的增强,西欧在经济上成为美国的竞争对手;在政治上,它们也力图推进独立自主的外交政策。美国的霸权地位受到严重削弱,不得不调整它的对欧政策。

图5-17 日本新干线列车

(二)日本成为世界经济大国

第二次世界大战结束后,日本进行了比较广泛的社会改革,进一步消除了生产关系中的落后因素,为经济发展奠定了基础。"冷战"爆发后,美国把日本作为远东的反共桥头堡,转而扶植日本,不但减免战争赔偿,还向日本提供资金和物资援助。

日本战后实行国民经济非军事化,全力进行经济建设;日本政府重视科技和教育,把发展经济放在首要位置,采取了指定经济计划等方式,利用国家政权大力推动经济的发展。

1955年以后,日本经济进入快速发展时期。60年代末,日本的国民生产总值上升到资本主义世界第二位,一跃成为仅次于美国的经济大国(表5-1)。80年代以后,日本加大了发展高科技产业的力度,1987年,日本的人均国民生产总值超过美国,一度跃居资本主义大国之首。

表5-1 各国经济增长率(%)

时间	日本	美国	英国	联邦德国	法国	意大利
1952—1960	8.2	2.8	2.7	7.5	4.8	5.8
1961—1970	11.2	4.1	2.8	4.8	5.8	5.6

在成为经济大国的同时,日本改变了战后初期向美国一边倒的政策,希望在世界事务中发挥更大的影响。

20世纪80年代,日本成为世界经济大国后,国内要求在国际事务中增大发言权,改变"经济大国""政治小国"形象的呼声日益高涨,日本首相中曾根康弘在一次演说中,明确提出,"要在世界政治中加强日本的发言权"。

(三)不结盟运动的兴起

20世纪50年代末60年代初,亚洲、非洲、拉丁美洲赢得了民族独立的国家,为了维护自身独立、主权,摆脱美苏的控制,希望在两极化的格局中保持和平中立,采取不结盟的外交政策。

图5-18 不结盟运动的标志

1961年,第一次不结盟国家和政府首脑会议在南斯拉夫首都举行,有25个国家出席,会议通过了《不结盟国家和政府首脑宣言》,标志着不结盟运动兴起(图5-18)。

不结盟运动奉行独立、自主和非集团的宗旨和原则;支持各国人民维护民族独立、捍卫国家主权以及发展民族经济和民族文化的斗争;坚持反对帝国主义、新老殖民主义、种族主义和一切形式的外来统治和霸权主义;呼吁发展中国家加强团结;主张国际关系民主化和建立国际政治经济新秩序。

20世界70年代开始,不结盟运动把反对美苏两个超级大国的霸权主义作为重要任务。同时,将建立国际经济新秩序作为不结盟运动的行动纲领。

不结盟运动的兴起,标志着第三世界国家以独立的力量登上了国际政治舞台,开始改变由超级大国和西方国家决定世界事务的局面。

(四)苏联解体和两极格局瓦解

1985年,戈尔巴乔夫就任苏共总书记,苏联开始进行经济改革,遇阻后转而进行政治改革。

在政治改革中,巴尔巴乔夫提出"人道的民主的社会主义"路线,提倡所谓"民主化"和"公开性",取消了共产党的领导地位,实行多党制。国内局势逐渐失控,民族矛盾爆发,民族分离活动愈演愈烈。

同时,波兰、民主德国、匈牙利、捷克斯洛伐克、罗马尼亚等东欧国家受苏联改革和国内经济困难的影响,相继发生剧变。

80年代后期,东欧各国陷入了严重的经济困难,政治局势发生了激烈动荡。共产党或工人党的领导人放弃了社会主义道路,实行政治多元化。反对派通过大选夺取政权,波兰是第一个发生剧变的国家。接着,除罗马尼亚通过流血冲突发生剧变外,其他东欧国家,都通过自由选举的和平方式发生了剧变。

1991年经互会和华约组织相继解散,苏联在欧洲构筑的政治、经济、军事化体系全线崩溃。同年12月,俄罗斯等11个苏联加盟共和国建立独立国家联合体,简称"独联体"。至此,苏联完全解体,两极格局最终瓦解,冷战也宣告结束。

(五) 多极化趋势加强

"冷战"结束后,世界格局发生了重大变化,美国成为唯一的超级大国,试图建立一个由其主推的单极世界,积极推进单边主义。但是,面对全球化、恐怖主义①、大气污染、气候恶化等诸多新问题,美国不得不重视多边合作,以便共同应对人类面临的新挑战。

当今世界,除美国之外,欧盟、日本、俄罗斯、中国等多个政治力量也不断发展壮大,反对一国独霸世界、要求国际关系民主化的呼声越来越高,世界多极化趋势加强。

欧洲联盟简称欧盟,总部设在比利时首都布鲁塞尔,是由欧洲共同体发展而来的。1993年11月1日,欧盟正式诞生。欧盟其实是一个集政治实体和经济实体于一身、在世界上具有举足轻重的巨大影响力的区域一体化组织。日本将两极格局的瓦解视为跻身于政治大国的大好时机,极力争取联合国安理会常任理事国席位。俄罗斯积极开展东西方兼顾的全方位外交,致力于振兴经济和恢复大国的地位。中国致力于推动建立公正合理的国际政治新秩序,反对霸权主义,维护世界和平。这些因素促进世界格局向多极化发展。

目前,世界政治格局呈现出"一超多强"的局面,并向着多极化方向发展。在21世纪的今天,世界格局多极化受到全球越来越多的国家和地区集团的支持,成为不可阻挡的历史潮流。

讨论题

1. 张骞出使西域的积极作用体现在哪些方面?
2. 社会主义建设新时期,我国外交政策作出了怎样的调整?
3. 第二次世界大战后的国际关系是如何发展的?

活动题

1. 编制一张元明清时期中外交流简表,内容可以突破教科书。
2. 请用图文形式说明现代中国的外交关系。
3. 请联系实际,罗列材料说明欧洲共同体对全球的影响。

---

① 国际上一些组织和个人为了达到某种政治目的,在社会上进行暴力活动,被称为国际恐怖主义。

第六章

人口、种族和宗教

生活在地球上的人类,虽然有着不同的肤色,属于不同的民族,有不同的生活习惯,各自说着不同的语言,有着不同的宗教信仰。但是,是所有人共同创造了辉煌灿烂的文化,传承着伟大不朽的人类文明。

每一个人都应该走出去,去看看我们这个世界,去认识那些让人们景仰的、用全人类智慧创造出来的物质财富和精神财富,去关注人们的生存状况,关注人们的未来前途和命运。

第一节 世界的人种、语言和宗教

一、人种

人种,亦称种族,是具有形态上和生理上的特点和语言习俗等历史文化因素组成的有区域性特点的群体。世界居民主要有黄色人种、白色人种、黑色人种。黄色人种主要分布于亚洲,南美洲的印第安人也属这一人种。白色人种是世界上人口最多、分布最广的人种,几乎遍布全世界:欧洲、北美洲、南美洲、亚洲西部、非洲北部,以及中国西北部也有少量白色人种。黑色人种主要集中在非洲以及美国等一些发达国家。

二、语言

人类将传递信息内容的工具,称之为语言。如:计算机语言、植物的语言、动物的语言与人类的语言等等。人类的语言,是人类传递情感信息的工具。以符号、文字、图案、音乐、语音、肢体动作与面部表情等等形式为载体,来传递或交流情感信息。

语言是人类最重要的交际工具,是人们进行沟通交流的各种表达符号。人们借助语言保存和传递人类文明的成果。语言是民族的重要特征之一。一般来说,各个民族都有自己的语言。汉语,英语,法语,俄语,西班牙语,阿拉伯语,是世界上的主要语言,也是联合国的工作语言。汉语是世界上使用人口最多的语言,英语是世界上使用最广泛的语言。据德国出版的《语言学及语言交际工具问题手册》说,现在世界上查明的有5651种语言。在这些语言中,约有1400多种还没有被人们承认是独立的语言,或者是正在衰亡的语言。

知识拓展

使用最多的语言——汉语,使用人口达14亿多,占全球人口20%以上;
英语使用人口达5亿多,但学习英语者至少在10亿人以上;
印地语使用人口5亿以上,主要是印度;
西班牙语使用人口4亿以上;
俄语使用人口3亿以上;

> 阿拉伯语使用人口 3 亿以上；
> 孟加拉语使用人口 2 亿以上；
> 葡萄牙语使用人口近 2 亿；
> 法语使用人口约 2 亿；
> 德语使用人口超过 1.1 亿；
> 日语使用人口近 1.1 亿；
> 意大利语使用人口超过 7000 万。

据联合国教科文组织最新发布的《濒危语言图谱》，全世界有 7000 种语言，其中一半以上将在本世纪消亡，80%～90%将在未来 200 年灭绝。平均每 2 个星期就有一种语言消失。据统计，世界 80%的人讲 83 种主要语言，剩下 6000 多种语言绝大多数从没有过文字记载，没有相应的字典和书，在任何图书馆或数据库都找不到它们的资料。一切信息只储存在人们的记忆里，因此尤其脆弱。语言的死亡通常有两种方式：1. 说这种语言的人消失了；2. 说这种语言的人放弃了自己的母语，转而使用另一种语言。语言濒危是一种全球现象，但是却值得所有人关注。保护民族语言和抢救濒危语言就是为了保护多样性的民族文化，同时也是为了保障各民族成员的平等权利。这正如中国知名学者周海中曾经指出的那样：一些民族语言正面临着全球化、工业化、互联网等的冲击，正处于逐渐消失的危险，有关部门、机构以及语言学界都应该采取积极而有效的措施来保护弱势的民族语言和抢救濒临灭绝的民族语言，这样既有利于人类文明的传承和发展，也有利于民族团结、社会安定。

三、宗教

宗教，宗字意为祖先，教字意为教化，合起来就是祖宗之教化的含意。亦是人类社会发展到一定历史阶段出现的一种文化现象，属于社会意识形态。主要特点为，相信现实世界之外存在着神通的神秘力量或实体，该神统摄万物而拥有绝对权威、主宰自然进化、决定人世命运，从而使人对该神秘产生敬畏及崇拜，并从而引申出信仰认知及仪式活动。

基督教与佛教、伊斯兰教并称为世界三大宗教，此三种宗教之所以能成为前三大，专家学者认为主要的原因在于教义上较无局限性与排他性（后天因素）：印度教大体仅适用在印度国境，犹太教则只认定犹太人为神的选民，日本的神道教也只认定日本为神国，日本人为神国的子民，如此在散播传递的扩展上较有难度。基督教形成于亚洲的西部，目前主要集中分布在欧洲、美洲和大洋洲；伊斯兰教主要传播于亚洲、非洲，以西亚、北非、中亚、南亚；佛教主要分布在亚洲的东部和东南部。

第二节 人口的增长

一、人口的增长

人口的自然增长指某时期某地区人口中出生人数减去死亡人数后的余数。一个地区人口自然增长的快慢一般用人口的自然增长率反映。自然增长率是指一年内一定地区的自然增长人口（出生人数减去死亡人数）与总人口之比，它可以由人口出生率与死亡率之差来表示，可以为正值或负值或零，分别表示正增长、负增长和零增长。

人口增长模式是由出生率、死亡率和自然增长率三项指标共同构成的。人口增长模式主要受社会生产力发展水平影响，由于不同历史阶段生产力的水平不同，因而形成不同的人口增长模式。

知识拓展

1. 下面是有关目前我国人口、资源、环境的表述：

(1) 人口总量大，增长快。

(2) 资源总量大，人均占有量少。

(3) 经济发展速度快，对资源需求量大。

(4) 每年净增人口多，对环境压力大。

请分析判断：以上表述哪些是对的？哪些是错的？

2. 活动

(1) 下面是 A、B 两地某一年的人口统计资料，请计算两地的人口自然增长率。

地区	总人口	人口出生率(%)	人口死亡率(%)	自然增长率(%)
A地	6000万	3.5	0.5	?
B地	12000万	2.6	0.6	?

(2) 从计算结果推算，A、B 两地的人口增长速度哪一个更快一些？

(3) 这一年里 A、B 两地自然增长的人口各是多少？哪一个地区更多？这一结果说明了人口的自然增长除了和自然增长率有关，还和什么因素有关？

从人类历史上看，世界人口发展的总趋势是人口在不断增长。工业革命之前，世界人口的增长比较缓慢。随着 18 世纪中叶英国工业革命的出现，欧美一些工业革命起步比较早的国家首先出现了人口持续增长的局面。自 20 世纪后半叶开始，随着世界和平局面的出现，经济的发展和科学技术的进步，世界人口的增长速度达到了人类历史的最高峰。2011 年 10 月 31 日，世界人口总数已经达到 70 亿。回顾世界人口发展的整个过程，不难发现世界人口每增长 10 亿所用的时间在逐渐缩短。

各国由于政治、历史、文化、经济发展水平等方面的差异，人口的发展历史和目前的增长速度有所不同，因而所采取的人口政策也有差异。

3. 案例分析

世界上各国的人口政策差异较大，但总体上可以分为两大类：

(1) 鼓励人口增长的人口政策

一般情况下，一个国家越富有，其人口增长越慢。一些发达国家如加拿大、美国、澳大利亚和日本，其人口出生率和死亡率几乎相等；还有一些国家如法国、德国、卢森堡、丹麦、俄罗斯，人口还呈现负增长状态。由于人口自然增长率在下降，一些欧洲国家已开始采取积极措施刺激人口的增长。如在法国，为方便婴儿的抚育，政府向婴儿父母提供服务及物质援助。出于对目前人口发展趋势会影响国家未来实力的担心，每个家庭拥有三个孩子已成为欧盟国家公认的目标。多孩子家庭能享受到国家对父母双方的补助、住房优先和产妇拿全薪的诱人待遇。

(2) 抑制人口增长的人口政策

直到 1960 年，世界上仅有两个国家（印度和巴基斯坦）从官方上支持计划生育政策。而到 1980 年，不发达国家中已有 90% 的政府支持计划生育。政府的人口政策使人口出生率减少最大的要数中国了。从 20 世纪 70 年代初开始，中国政府就认识到人口问题的严重性，在全国城乡贯彻控制人口政策，由中央到地方层层设立计划生育机构，进行宣传教育，落实节育措施，免费提供避孕药具和节育技术服务，并开始将人口计划纳入国民经济发展规划。

有人说：人口增长过快有害，人口增长越慢越好。这句话对不对？结合案例，说说你的理由。

二、人口的增长模式及其转变

原始型人口增长模式：主要出现在工业化之前，这一阶段的人口出生率和死亡率都比较高。增长率低，且波动较大。由于生产力水平低下，人们时常受自然灾害、瘟疫等的威胁，死亡率呈周期性波动，而同时又以高出生率来维持种群的延续。

传统型人口增长模式：出现在工业化时期，这一阶段出生率较高，死亡率下降较快，自然增长大，人口增长明显加快。由于生产力水平的提高，提高了食品供应与营养水平，同时医疗卫生条件也有所改善，人口平均寿命随之上升。

现代型人口增长模式：出现在后工业化时期，这一阶段人口出生率下降，同时死亡率仍处于低水平，人口自然增长率较低甚至出现零增长或负增长。由于社会化大生产有了比较充分的发展，劳动生产率迅速提高，劳动力需求量开始减少，人们面临的社会择业竞争激烈，教育、培训开支增大，人们生育意愿普遍降低，使得出生率下降到较低的水平（图6-1）。

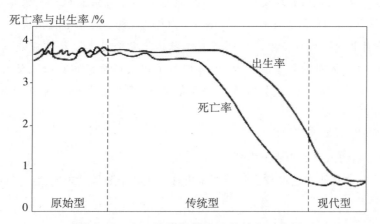

图6-1　人口的增长模式及其转变示意图

从各国的人口发展历史来看，人口增长模式转变的过程有着相似之处，基本是由原始型向传统型，继而向现代型逐步过渡的。

目前，由于各个国家和地区的社会生产力发展水平不同，因而处于人口增长模式转变的不同阶段。以欧洲和北美为代表的发达国家从20世纪70年代中期开始，人口增长模式就已经进入现代型。发展中国家从20世纪50年代开始普遍进入传统型的人口增长模式，目前大多数发展中国家的人口死亡率已降至与发达国家相当的水平，但人口的出生率仍然较高，人口增长模式还没有完成传统型向现代型的转变。由于发展中国家的人口占世界人口的绝大多数，所以总体来看，世界人口增长模式仍处于传统型向现代型的过渡阶段。

知识拓展

案例分析：

从中华人民共和国成立初期到20世纪70年代初，中国人口增长模式由旧中国的高出生、高死亡率进入高出生、低死亡率的人口高增长时期。新中国成立伊始，随着社会稳定，人民生活改善和卫生保健事业的发展，许多危害人民生命的急性传染病、职业病等都得到了有效的控制，人口死亡率迅速下降。与此同时，人口出生率处于高水平，从1950—1957年，人口出生率始终保持在3‰以上。1958—1961年经济困难时期，由于严重的粮食短缺，造成人口大量非正常死亡，死亡率迅速上升，出生率急剧下降，人口自然增长率降低，1960年、1961年两年总人口数出现了大幅度的负增长。从

1962年后出生率开始急速回升,出现补偿性的高水平生育,死亡率下降。

从中华人民共和国成立初期到1964年的15年间,我国人口从5亿增加到7亿,每增加1亿人平均需要7年半时间。1964—1973年出生率在3‰—3.5‰的范围内,死亡率下降到1‰以下。10年间人口由7亿增加到近9亿,每增加1亿人口所需的时间缩短为5年。这一时期我国断断续续提倡过计划生育,但一直没有得到很好地贯彻落实。总的来说,新中国成立以后的前25年,我国的人口增长完全处于生育无节制的状态,总人口由1949年的5.4亿猛增到1974年的9亿,给我国的经济发展和社会进步带来了沉重的负担。

20世纪70年代中期以后,特别是1978年以来,随着计划生育工作的真正落实,我国人口进入了有计划的减速增长时期,人口过快增长的势头得到迅速扭转。人口出生率、自然增长率开始稳步下降,从20世纪80年代后期到90年代,人口出生率控制在2.2‰左右。90年代以后,随着我国经济社会的发展,人民文化、健康水平的提高和计划生育工作的不断深入,人们的生育观念发生了变化,生育水平明显下降,人口增长速度进一步放慢,达到了新中国成立以来的最低水平。到2003年底人口出生率下降到1.241‰,自然增长率下降到0.601‰,我国人口增长模式实现了低出生、低死亡、低增长的历史性转变,用20多年的时间走完了发达国家经过上百年才完成的向现代人口增长模式转变的历程。尽管人口基数不断扩大,但每增加1亿人口所需的时间又延长到7年多。1981年我国人口达到10亿,1988年超过11亿,1995年突破12亿,到2005年1月第13亿公民宣告诞生。

阅读案例,思考:
1. 影响人口自然增长率的因素有哪些?
2. 对照图6-1,中国人口增长模式的转变是否符合人口增长模式转变的一般规律?中国目前的人口增长属于哪一种模式?

第三节 人口的合理容量

人类生活在地球上不仅仅只是为了满足吃饱穿暖这些最基本的生活需要,还有追求一定品质的幸福生活的权利,这种生活不仅应满足人们物质和文化生活的需要,也应满足人们对优质的环境质量的需求。要保证我们以及我们的子孙后代的幸福生活,地球上到底适合养活多少人呢?

为了回答这个问题,科学家在环境人口容量的基础上,又提出了人口合理容量的概念。所谓人口合理容量,是指按照合理的生活方式,保障健康的生活水平,同时又不妨碍未来人口生活质量的前提下,一个国家或地区最适宜的人口数量。要实现人类社会的可持续发展,就应该追求达到"人口合理容量"这一长远目标。尽管它是一个理想的、难以确定精确数值的"虚数",但它对于制定一个地区或一个国家的人口战略和人口政策,进而影响区域的经济社会发展战略有着重要的意义。

要实现人口合理容量的长远目标,一方面,在公平的基础上,各国政府尤其是发展中国家要尽最大可能把人口控制在合理的规模之内;另一方面,各国、各地区应遵循人地协调发展的客观规律,在保护生态环境的前提下发展经济,实现可持续发展。

> **知识拓展**
>
> 阅读下段资料，思考我国坚持计划生育政策的合理性。
>
> 据研究，中国在未来100年内人口最大规模不应突破16亿，这样才能协调社会进步、人口规模、经济发展和环境、资源之间的关系，稳步提高人民的生活质量。2005年，我国大陆人口已突破13亿，而且目前人口还在继续增长，虽然尚未达到我国环境人口容量的极限，但我国人口与环境，特别是人口与资源之间的矛盾已经十分突出，比如淡水资源的短缺等。

第四节 人口问题

2011年10月31日凌晨，全球第70亿名成员之一的婴儿在菲律宾降生。而对于联合国秘书长潘基文而言，他不准备抱一抱这个宝宝，因为他说，这个孩子的生日，是个叫人高兴不起来的日子。这个宝宝，不管是男是女，不管出生何处，"他（她）都将出生在一个矛盾的世界里"。

我们知道，世界人口从60亿增长到70亿不过12年时间。请思考：人口增长过快所引发的人口与资源、环境、发展之间的矛盾有哪些？

目前，就全球来说，无论是发达国家还是发展中国家都各自面临着不同的人口问题，如人口膨胀、人口老龄化、人口城市化等，而由其引发的能源危机、水危机、耕地面积缩小、森林资源减少等问题也在困扰着人类。20世纪70年代以来，人口问题逐渐作为一个全球问题，引起世界各国的普遍重视。

一、世界人口过快增长

从世界人口增长的历史可以看出，近百年来的人口增长是历史上最快的。人口增长过快带来的问题主要有：

（一）资源破坏，环境恶化

一方面，由于人口增长过快，人类为了满足各种需要，就出现滥伐森林、滥垦草原、围湖造田等破坏环境的现象，从而导致水土流失、土地沙化、环境恶化等严重后果。例如，从20世纪中叶以来，耕地面积增加了19%，而世界人口却增长了132%。人口增长使耕地退化、产量减少，乃至将耕地挪作他用。随着人均粮食面积的缩减，越来越多的国家面临着失去粮食自给自足能力的危险。

另一方面，人口增长过快过多，使得因燃料燃烧、工农业发展等产生的二氧化碳、氮氧化物、硫氧化物、农药、生活垃圾等各种废弃物大大增加，加剧了气候变暖、水污染、大气污染、土壤污染等环境问题。

（二）社会问题严重

人口增长过快过多，除了产生上述各种环境问题之外，还带来许多社会问题。粮食、生活用品供应短缺，交通拥挤，就业困难，教育、医疗、卫生条件的改善困难等问题日益突出。人口增长过快的一个显著后果就是世界变得越来越拥挤不堪。在人类历史上刚有国家的时候，世界上每个人的生存和休憩空间有几平方千米；在工业革命兴起时代，世界上每个人拥有的空间接近1平方千米；而今天每人只有0.000002平方千米了。

二、人口的城市化问题

人口城市化是城市化发展的主要表现之一，它是生产力水平迅速提高、经济日益发展的结果，也是社会进步的重要标志。人口城市化已经成为当今世界发展的趋势,但也有令人忧虑的一面。在不同地区,受经济、人口、历史和自然条件等因素的影响,人口城市化也带来了一系列问题。诸如城市环境污染、交通拥挤等问题都与人口城市化有关。

> **知识拓展**
>
> 讨论:城市化进程中产生的问题哪些是因人口城市化引起的?联系生活实际想一想,人口城市化还可能产生哪些问题?

三、人口老龄化问题

人口老龄化,是指老年人口在总人口中比例不断上升的过程。通常当一个国家60岁及以上人口比例达到或超过10%,或者65岁及以上人口比例达到或超过7%时,该人口年龄结构就被称为老年型人口,该国也相应地成为人口老龄化的国家,相应的社会称为老龄化社会。(表6-1)

表6-1 年龄结构类型划分标准

指　　标	年轻型	成年型	老年型
0—14岁人口比重(%)	40以上	30—40	30以下
65岁及以上人口比重(%)	4以下	4—7	7以上
60岁及以上人口比重(%)	5以下	5—10	10以上
65岁及以上人口与0—14岁人口之比(%)	15以下	15—30	30以上

人口老龄化的主要原因是死亡率下降和人口存活年龄延长导致高龄人口的比重增加。人口老龄化带来的最显著的问题是加重家庭、企业和社会的养老负担。

> **知识拓展**
>
> 讨论:
> 目前的日本,一方面人们的寿命越来越长,另一方面人口出生率却迅速下降,这就是所谓的"高龄少子化现象"。不少日本人对此深感忧虑,担心日本未来经济发展会因此一蹶不振。
> 日本人的担忧不无道理。2000年,日本平均每3.9个劳动力,要负担一位老年人的生计。到2050年,随着高龄少子化的进展,日本的劳动力将逐渐减少,其国民生产总值也将随之下降,但老年人口却持续增加,平均每1.5个劳动力就必须养活一位老人。因此,现在日本政府在全国大力推广鼓励生育的政策。
> 思考:人口老龄化还可能产生哪些问题?

四、中国的人口问题及解决途径

(一) 中国的人口问题

目前,中国是世界上人口最多的国家,而且又是发展中国家,人口问题愈显突出,而且呈现出独有的特点。

1. 人口基数庞大,数量还将持续增长

中国第六次人口普查(2010年)统计的全国总人口为 13.39 亿,仍居世界第一。近年来,虽然计划生育成效显著,人口的自然增长率明显下降,但由于人口基数庞大,每年仍净增人口 1600 万左右。当前中国社会的入学难、就业难、住房难、交通拥挤、水资源短缺等一系列社会问题,都与中国人口众多有脱不开的关系。

2. 人口文化素质有所好转,但整体水平不高

随着社会经济的发展,人民物质文化生活水平的不断提高,我国国民的身体素质和科学文化素质都有了明显提高。改革开放以来,人均受教育年限 1990 年为 5.18 年,到 2005 年提高到 7.9 年;每万人大学生数由 1952 年的 3.3 人增加到 2006 年的 141 人;文盲率由 1990 年的 15.88% 下降到 2000 年的 6.72%。但与发达国家相比,我国人口素质还有较大差距,人口总体素质还难以适应经济社会发展的要求,特别是农村地区和贫困地区教育发展还比较落后。我国人口文化素质亟待提高。

《2009 中国人口与劳动力问题报告》中指出:目前我国劳动年龄人口人均受教育年限远远低于美国和日本。2005 年,我国劳动年龄人口人均受教育年限为 8.38 年,约相当于初中三年级水平;相比之下,同年美国劳动年龄人口人均受教育年限为 13.63 年,比我国劳动年龄人口平均受教育年限高出 5 年以上。与之相类似,2005 年日本劳动年龄人口人均受教育年限达到 12.9 年,也远高于我国同期的相应水平。

3. 人口老龄化和人口城市化速度加快

人口老龄化是现代社会人口发展的必然趋势,20 世纪 80 年代初开始,人口老龄化问题就从发达国家蔓延到了发展中国家。中国的人口老龄化的速度比较快,据统计,1950—2000 年期间,中国老年人口增长 217%,比世界同期水平高 41%。2010 年第六次全国人口普查统计,60 岁及以上人口占 13.26%,其中 65 岁及以上人口占 8.87%,中国已经步入老年型国家的行列,这对于中国还不很发达的经济是个严峻的挑战。改革开放以来,由于中国经济的快速发展,人口城市化的速度也很快,各种城市化问题也随之而来。

联合国经济与社会事务部人口司 2010 年 3 月 25 日发布的一份报告指出,中国的城市化进程极为迅速,目前全球超过 50 万人口的城市中,有四分之一都在中国。中国在过去 30 年中的城市化速度极快,超过了世界其他国家。目前全球共有 50 万以上人口的城市 961 个,其中中国占到 236 个。报告预测,到 2025 年,中国又将有 107 个城市加入这一行列。拥有相当规模人口的城市数量显著增加,显示出中国城市化水平快速上升。中国的城市化水平从 1980 年的 19% 跃升到 2011 年超过 50%,预计至 2025 年将达到 59%。

4. 出生人口性别比失衡

出生人口性别比是指某一总人口中某一时期(通常为一年)内出生的男婴总数与女婴总数的比值,用每 100 名出生女婴数相对应的出生男婴数表示,它的正常值通常在 103—107 之间波动。

从 20 世纪 80 年代起,随着 B 超设备的普及,我国出生人口性别比开始持续偏高且呈不断上升趋势,2008 年达 120.56,是世界上出生人口性别比失衡持续时间最长的国家。经过多年的综合治理,2009 年起我国的出生人口性别比开始有所下降,2011 年为 117.78,然而,尽管连续三年下降,我国出生人口性别比仍高出警戒线 10 多个百分点,也就是说,相对于女性,男性盈余超过 10%。据推算,预计到 2020 年,我国可婚男性将过剩 2400 万。由此可见,我国巩固出生人口性别比继续下降的任务仍然艰巨。

我国目前出生人口性别比失衡问题主要是受传统的重男轻女思想,以及非法鉴定胎儿性别现象时有发生的影响。出生人口性别比失衡将演变为男性可婚人口过剩危机,低收入及低素质者结婚难,所导致的社会秩序混乱将成为影响社会稳定的严重隐患。

（二）解决我国人口问题的措施

1. 计划生育政策是我国的一项基本国策

我国把"计划生育"作为长期战略方针。我国《宪法》规定："国家推行计划生育，使人口的增长同经济和社会发展计划相适应。"我国人口政策的基本内容是：控制人口数量，提高人口素质。提倡"晚婚、晚育、少生、优生、优育"。

中国从20世纪70年代初期开始实行计划生育政策，对人口进行严格控制，在城市里实行"一对夫妇一个孩子"的措施。由于30多年持续地实行低生育率政策，使中国避免了可能的人口灾难，中国因这一政策少生了3亿多人，节省了近30万亿的抚养费用。

实行晚婚晚育同样有利于控制人口的过快增长。"20岁结婚生孩子，100年就有五代人；25岁结婚生孩子，100年只有四代人"。另外，晚婚晚育也有利于青年男女的身体健康和工作学习，并且能够更好地抚育后代，提高子女的素质。

2. 新时期我国人口政策的调整

进入新时期，"独孩政策"的问题开始表现出来：一是人口老龄化；二是人口质量，中国人口问题的主要方面从人口数量问题转变为人口质量问题。未来20年，我国人口发展有三个主要趋势：总人口达16亿；有8—10亿劳动力；有2.5亿老人。这构成我国人口发展的新特点。中国人口问题区别于世界上其他国家，在一个国家内同时存在"人口太多和人口太少"的双重挑战：人口太多，一是现在每年净增1400—1500万人，二是老龄人口比重大。到2040年预计将达2.5亿以上，占总人口的23.79%，60岁以上的人口是20多岁人口的2—3倍。人口太少，一是高质量的人才太少；二是"中国妇女生育的孩子之少，已经不能替代她们自己了"。

为了从根本上全面解决中国的人口问题，中共十八大报告中提到，要"坚持计划生育的基本国策，提高出生人口素质，逐步完善政策，促进人口长期均衡发展。"

2015年10月，党的十八届五中全会提出，"全面实施一对夫妇可生育两个孩子政策"（简称"全面二孩"或"全面两孩"）。2015年12月27日，十二届全国人大常委会第十八次会议表决通过《全国人民代表大会常务委员会关于修改〈中华人民共和国人口与计划生育法〉的决定》，明确"全面二孩"政策于2016年1月1日起正式施行。

党的十八大以来，面对人口发展的新情况新变化，以习近平同志为核心的党中央果断决策，统筹谋划，科学把握人口发展趋势，积极有效应对风险挑战，作出了人口均衡发展的重大国家战略决策，促进了经济社会及人口均衡协调发展的良好局面。中国总人口由1949年的5.4亿人发展到2018年的近14亿人，年均增长率约为1.4%。"全面两孩"政策实施后，2016年和2017年出生人口分别为1786万人和1723万人，明显高于"十二五"时期年均出生1644万人的水平，政策效果显著。

知识拓展

1. 阅读下段资料，思考我国对计划生育政策调整的合理性

中国形成橄榄型人口结构，均衡生育，实现"人口长期均衡发展"是最为可行也最为公平的选择。在发达国家实现代际均衡的生育率为2.17胎，在发展中国家实现代际均衡的生育率为2.3胎，中国是发展中国家，理想的生育率是2.3胎。2010年人口普查长表数据显示，2010年全国总和生育率为1.18110，其中"城市"为0.88210，"镇"为1.15340，"乡村"为1.43755。要将中国的生育率调控到2.3胎，实行"鼓励二胎、允许一胎、征税多胎和无胎"的生育政策是最理想的选择（俄罗斯已经对无胎征税）。

图 6-2 橄榄型人口结构图

2. 幼儿活动：找朋友

教师在地面上画一个大圆圈，要求幼儿做"找朋友"的游戏。找到的朋友要站在这个圆圈里，不能站在圆圈外，直到圆圈里再也站不下人为止，让幼儿体验拥挤。

教师问：为什么站在圈子里的小朋友感觉到拥挤呢？如果我们国家也像这个圆圈一样，人太多了会怎样呢？

启发幼儿回答：我们国家虽然很大，但如果人越来越多就会挤不下的。

教师启发：你们知道人太多了还会带来什么问题吗？

讨论题

城市化进程中产生的问题哪些是因人口城市化引起的？

活动题

联系生活实际想一想，人口城市化还可能产生哪些问题？

第七章

人类生产活动和地理环境

自然环境不仅为人类提供了活动场所,而且为人类的生存和发展提供了物质基础——自然资源。人类通过生产活动,利用自然资源,改造自然环境,推动人类社会的发展和文明的进步。

不同地域的自然环境千差万别,自然资源的种类、数量、质量各不相同,而且社会经济条件存在很大的差异。人们根据当地自然环境和自然资源的特点以及社会经济条件,因地制宜地发展生产,一方面使人类生产活动的类型丰富多样,另一方面使每一类型的生产活动,尤其是农业生产活动,都具有明显的地域性特点。

随着科学技术的进步和经济水平的提高,人类通过生产活动而作用于自然环境的范围在不断扩大,程度在不断加深,并且使自然环境对人类生产活动的影响力逐渐减弱。人类可以越来越较为灵活地选择、安排生产活动。

第一节 中国的工业生产

同学们,你理解"工业是国民经济的主导"这句话的深刻含义吗?你知道工业品都产自哪里吗?工业不仅与我们的生活息息相关。与农业相比,工业生产具有地域上的灵活性和季节上的连续性。因此,工业生产要复杂得多,工业地域的形成在一定程度上说明了这种复杂性。

一、工业的区位选择

2005年3月4日,中国国家发展与改革委员会正式批准首钢集团将其钢铁冶炼部分全部从北京迁到河北省唐山地区曹妃甸,在那里建设一个具有国际水准的钢铁联合企业,总部和研发体系仍将保留在北京。这则消息的发布意味着中国前所未有的、规模最大的、最系统的城市特大型企业搬迁工作正式启动。

思考:你知道首钢为什么要搬迁吗?新首钢布局在曹妃甸主要考虑了哪些因素呢?

工业是在农业发展基础上出现的产业部门。任何一个工业项目总会落实到一个地区或一个地点,工业区位是指工业企业的经济地理位置,以及工业企业在生产过程中与相关事物的联系。进行工业生产,首先要考虑厂址的区位选择。

影响工业的区位因素很多,主要有:土地、水源、原料、动力(燃料)、劳动力、市场、交通运输、环境、科技、政策等。从经济利益考虑,工厂应当选择在花费生产成本最低而获得利润最高的地方。因此,决策者一般都把工厂建在具有明显的优势条件的地方。但不同的工业部门,区位选择时需要考虑的主导因素各不相同。

影响工业的区位因素包括自然因素和社会经济因素两方面。一般来说,工业区位选择受自然因素的影响较小,受社会经济因素的影响较大。而在社会经济因素中,综合来看,运费、劳动费和集聚是影响工业区位的三大主要因素。由于影响各工业部门的主导因素不同,工业区位导向也不一样。

(一)运费对工业区位的影响

在工业生产过程中,原料和燃料的运入、产品的运出,都需要交通运输。运输成本在很大程度上决定着工厂的生产效益和经济效益,减少运输费用可降低生产成本,提高产品在市场上的竞争力(图7-1)。

图 7-1

（二）劳动费对工业区位的影响

劳动力对工业的区位影响主要体现在两方面：一是劳动力的数量；二是劳动者的素质。工业接近劳动费低廉或高素质劳动者集中地区也可降低生产成本。

具有一定协作关系的企业或没有生产上联系的企业，在地域上集聚在一起，共同分享公共基础设施、专业化劳动力、信息传递网络、销售市场等资源。相关企业的集聚，不仅可充分利用资源，降低运输费用，减少能耗，加强协作和信息沟通，同时还可集中处理工业排放的废弃物。所以，随着工业生产的可移动性和灵活性的增强，企业选址越来越趋向集聚。

政策也是影响工业区位的重要因素。在优惠政策的影响下，用地、交通、基础设施等区位因素都会向着有利于投资办厂的方向变化。例如，20 世纪 80 年代我国实行改革开放政策，在沿海设立了深圳、珠海、汕头、厦门等经济特区；21 世纪以来，国家为缩小东西部地区经济发展的差距，促进区域经济协调发展，加大了对西部地区工业发展的支持力度。

另外，企业决策者的理念和心理因素，有时也会成为工业区位选择的主导因素。例如，大批华侨和海外华人在家乡投资办厂就有乡土情感方面的因素。

影响工业区位的因素很多，不同的工业部门，其生产过程和生产特点不同，生产投入的要素不同，生产成本的构成也就不一样。因此，区位选择时需要考虑的主导因素各不相同。总的来说，工业区位应该选具有明显区位优势的地方。

知识拓展

材料一："近期研制出利用玉米叶片加工、编织购物袋的技术，这种购物袋易分解且物美价廉。"回答，该种购物袋的生产厂应接近：

A．原料产地　　　　　　　　　　　　B．销售市场
C．能源基地　　　　　　　　　　　　D．研发基地

材料二：葡萄酒用新鲜葡萄或葡萄汁酿造而成。近年来，我国葡萄酒产量及消费量快速增长。据图文材料（图 7-2）分析，影响葡萄酒产业布局最主要的一组区位因素是：

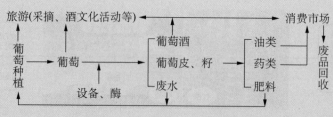

图 7-2 葡萄酒产业链结构图

A. 原料、劳动力 B. 原料、市场
C. 技术、市场 D. 交通、能源

材料三：芯片是计算机的核心部件。某跨国公司的芯片生产厂以往均设在发达国家。但 2007 年 3 月，该跨国公司决定在中国大连投资 25 亿美元建芯片生产厂。回答：通常，计算机芯片生产厂的区位选择属于：

A. 原料导向型 B. 市场导向型
C. 劳动力导向型 D. 技术导向型

工业对区位的选择不是一成不变的，随着社会生产力的发展，科学技术水平的提高，工业区位因素以及各因素所起的作用在不断发生变化。

近年来，科学技术进步很快，科技因素对工业选择的影响日益增强。例如，信息通信网络的发达性作为工业区位因素的重要性越来越突出；由于交通和科技的发展，一些原料导向型工业的区位选择，降低了对原料、动力等区位因素的依赖程度；一些发达国家，由于交通运输已相当完善，厂商选择工厂区位时，交通运输条件不再成为他们考虑的主要因素了；在工业生产机械化、自动化不断解放体力劳动的同时，工业对劳动力技能的需求也在逐渐增加，具有较高素质劳动力的地区往往更能吸引工业区位的选择。

随着社会的发展，信息化对工业区位影响越来越大。一些对技术要求高的企业，需要及时获得技术信息，并与专业科研机构合作，因此会选择科技发达、信息富集的区位，以确保产品具有强劲的市场竞争力。传统工业企业需要及时了解原材料行情，尤其是市场需求变化和产品销售情况，同类产业和相关产业的公司在区域内集聚，共同构筑科技和信息平台，可加强知识交流和信息合作，有利于技术创新。

工业生产会排放出大量的废水、废气和废渣，对环境造成严重的污染，影响居民身体健康。随着人们环境意识的增强、国家对环境问题的重视，以及对企业各项环境指标要求文件的陆续出台，环境质量和生态平衡越来越成为影响工业区位选择的重要因素。一些重要风景区和自然保护区严禁设置工业；一些污染严重的工业，区位选择时要非常慎重，尽量避免或减少对周围环境的污染。而对环境十分敏感的一些高技术及食品等企业，则要以优质环境为区位选择的主导因素。化工厂、炼油厂等污染空气、污染水源的工厂应设置在居民区常年盛行风向的下风地带或垂直盛行风向的郊外，固体废弃物污染如印染厂、造纸厂、电镀厂、皮革厂的污水排放口应远离水源地及河流上游。

总之，工业区位选择是一项复杂的工作，它既要注意经济效益，还要注意社会效益和生态效益，要努力使工业区位决策做到科学、合理，促进人地关系的协调统一发展。

知识拓展

某城市将建钢铁厂、印染厂、自来水厂和食品厂，图中的 A、B、C、D 四处可供选址，该地盛行西南风，据此图（图 7-3）回答问题。

在 A、B、C、D 四处中：

（1）钢铁厂宜选址于_____，理由是_____。

（2）印染厂宜选址于_____，理由是_____。

（3）自来水厂宜选址于_____，理由是_____。

（4）食品厂宜选址于_____，理由是_____。

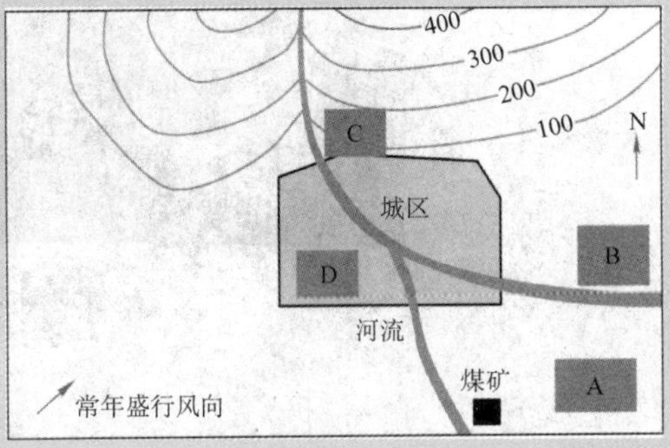

图 7-3

二、工业地域的形成及类型

在 IT 界享有"无论你在哪里下订单，都在东莞制造"美誉的广东省东莞市，在全球电子制造业中的地位举足轻重。排名全球 500 强的电子企业中，有数十家都在东莞建立了自己的生产基地，如通用电器、施乐、杜邦等。目前东莞直辖的 32 个镇区，"镇""镇"都有宝；仅石碣镇这个 36 平方千米的小镇上，就聚集了近 500 家电子企业，产业集聚、产业配套优势造就了电子产业集群。

知识拓展

你知道电子通信企业为什么会在这里集聚吗？这种集聚会形成什么工业地域？

（一）工业联系

工业生产是一个复杂的过程，我们日常生活中的许多工业产品都是经过多道工序、多个工厂才生产出来的。所以，工厂内各加工环节之间、工厂之间、企业与其他工业部门之间就存在生产协作上的联系，工业联系的内容和形式是多种多样的（图 7-4 至图 7-7）。

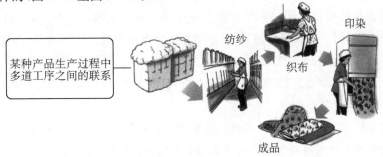

图 7-4 布的生产过程

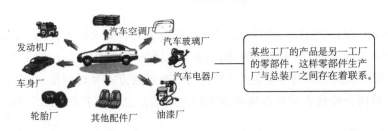

图 7-5 汽车生产过程

有些工厂即使没有工序上的联系，但为了共同利用工业区内的道路、供水、供电、通信等基础设施以及其他生产、生活服务设施，或者共同利用当地廉价的劳动力，于是布局在同一个工业区内，也会形成空间利用上的工业联系。

图7-6 上海工业区

为了准确把握市场动态，及时获得技术创新的信息，共享信息资源，许多企业也布局在一起，相互间存在科技与信息上的联系。

图7-7 北京中关村科技园示意

(二) 工业集聚

工业集聚是指具有工业联系的一些工厂往往近距离地聚集起来，形成工业集聚现象。

工业集聚可以加强企业间的信息交流和技术协作，共同利用基础设施，节约生产建设投资，降低中间产品的运输费用和能源消耗，扩大总体生产能力，最终降低生产成本，提高生产效率，增加利润。

> **知识拓展**
>
> 材料一：钢铁工业属初步加工业，其生产过程复杂，原料、燃料用量巨大，生产规模庞大，占地多，需劳动力多，工种多，产品种类多，运输量大。在生产过程中，需一系列相关工厂与之接近，如烧结厂、焦化厂、轧钢厂及煤、水、电供应系统。基于这些特点，其工业集聚规模庞大，形成了典型的工业集聚效应，如武汉钢铁工业区。
>
> 材料二：依托北京市众多知名的高等院校和科研院所，中关村科技园区的技术创新体系逐步完善。几年来，中关村科技园区在机制体制创新方面取得了新的突破。实施了以"法无明文禁止不为过"为基本原则的《中关村科技园区条例》。以清华科技园为代表的大学科技园，成为产学研有效结合的集聚区，新建了一批国家级重点实验室、国家级工程研发中心、技术孵化器、公共技术支撑平台。入驻园区的跨国公司研发中心已达65家，包括IBM、微软，国内的有联想、长城、方正、华为等，涵盖计算机、软件、通信、医药、新材料等。
>
> 1. 根据材料分析，武钢工业区和中关村科技园的工业集聚涉及哪些不同的工业联系？
> 2. 武钢工业区和中关村科技园的工业集聚分别有哪些优势？

为了充分发挥不同地方的区位优势，有些产品的生产链分散到世界上的不同地方，因此，在工业集聚的同时，也有一些工厂在分布上却出现了工业分散现象，引发了工业的地域联系，从而使工业联系在地域上不仅跨地区，甚至跨国，形成跨地区、跨国的网络企业。现代化的交通运输方式和通信技术为工业的地域联系提供了强有力的支持，使一个跨国企业设在世界各地的各部门之间的信息交流就如同在一座办公楼里一样方便和快捷。

例如,波音飞机全球化的策略就是在全球的每个国家都提供最好的产品和服务,飞机的零部件是由70多个国家生产提供的,公司通过计算机网络系统与其400多家供应商通过准确及时的信息交换形成密切的战略伙伴关系。

(三) 工业的地域类型

工业因联系而集聚,因集聚而形成工业地域。由于工业地域形成的原因和发展水平各不相同,从而形成不同规模和不同类型的工业地域。

世界上广泛分布着由工业集聚而成的工业地域,如西欧工业区域、北美工业区域、东亚工业区域等。按照工业区的组合性质,大致可以分为传统工业区和新工业区。不同类型的工业区具有不同的特点。

传统工业区一般是在丰富的煤、铁资源基础上,以煤炭、钢铁、机械、纺织、化工等传统工业为主,以大型工业企业为轴心逐渐发展起来的、历史较长的工业地域,如德国鲁尔区、美国东北部工业区、我国辽中南工业区等。传统工业区曾在世界各国工业发展过程中作出过重要贡献,但在20世纪50年代,尤其是70年代以后,传统工业区经济开始走向衰落,许多国家都重新在传统工业区实施了漫长的综合整治和改造工程。

20世纪50年代以后,由于石油的广泛使用和新技术革命的冲击,在传统工业区走向衰落的同时,发达国家一些没有传统工业基础的乡村地区,逐渐形成了灵活多变的以中小企业为主的工业地域。例如,意大利东北部和中部地区,德国南部地区,以及美国"硅谷"等,相对于传统工业区而言,人们把这些工业地域称为新工业区。

意大利东北部和中部,一直是个以农业为主的地区,20世纪50年代以后,利用当地以及国内外有利条件,迅速发展成为新工业区(图7-8)。

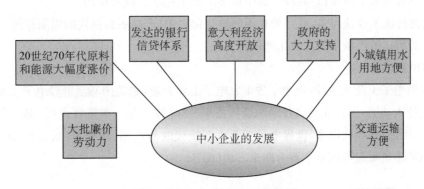

图7-8 意大利中小企业发展

1. 意大利的新工业区

意大利的新工业区,以中小企业集聚的工业小区为独特的发展模式。与传统工业区相比,意大利新工业区有以下特点:

(1) 以中小企业为主,企业雇员一般在250人以下。

(2) 以轻工业为主,如毛纺织、瓷砖等。

(3) 集中了大量同类和相关企业,生产高度专业化,企业仅从事单一的专业化生产。

(4) 企业大多分散在城镇,甚至农村,成为"分散型工业化"地区;生产过程分散,或干脆实行家庭包工。

萨索洛是意大利众多工业小区之一,20世纪80年代中期,萨索洛地区逐渐形成以瓷砖生产为骨干企业的工业小区,这里集中了世界瓷砖工业生产量的近30%以及出口量的近60%。在萨索洛及周围集聚了很多相关企业和服务性机构,形成一个机构完善、功能齐全的生产—销售—服务网络,它们在独立经营、密切协作的基础上,变成一个实际上比真正大型企业规模还大的巨型联合企业,从而实现了规模经济生产(图7-9)。

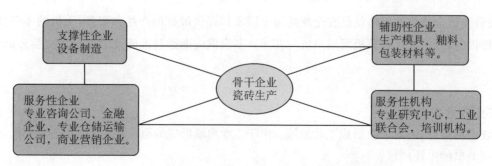

图 7-9 萨索洛瓷砖工业小区的生产—销售—服务网络

知识拓展

1. 意大利萨索洛瓷砖生产工业小区的主要特点是什么?
2. 意大利的新工业区对我国乡镇企业的发展有何指导意义?

2. 美国"硅谷"

美国"硅谷"是高技术工业发展的先驱和典范。与意大利以轻工业为主的新工业区不同,高技术工业通常有以下特点:

(1) 从业人员具有高水平的知识和技能,其中科学家和工程师占较大比例。
(2) 增长速度比传统工业快得多,并且处在不断地变化之中,产品更新换代的周期较短。
(3) 研究开发费用在销售额中所占的比例较高。
(4) 产品面向世界市场。

美国"硅谷"以微电子工业为主导,集中了数千家电子工业企业,是美国乃至世界电子工业的中心。微电子工业是电子工业的技术基础,因而成为高技术的最高技术。"硅谷的每一项重要发明,都会影响到全世界电子工业的发展。自20世纪60年代以来,世界电子工业更新换代的新产品、新技术、新设备、新工艺,几乎都出自"硅谷"。刺激"硅谷"迅速崛起的因素主要有四个方面(图7-10)。

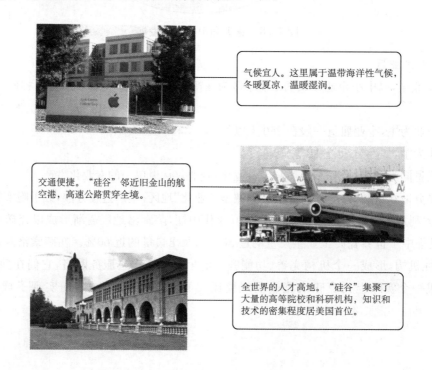

市场稳定。长期以来，美国国防部一直维持着对"硅谷"电子产品稳定的订货，是"硅谷"最大、最稳定的客户。

图 7-10　美国加州"硅谷"迅速崛起的四个方面

知识拓展

1. 问题

（1）美国"硅谷"与意大利东北部和中部新工业区相比，区位因素和生产特点有何异同？

（2）我国一些地方模仿"硅谷"模式兴建各类科技园区，规划了大片土地，投入大量资金，出台各种优惠政策。但这些新"硅谷"中有一些失败了，不能带动地方经济的发展。因此，有人说"硅谷"模式是不可以、也是不可能被模仿的。你的看法是什么？你身边有类似情况发生吗？请调查一下它们的发展现状，并提出你的合理化建议。

2. 阅读材料

生态工业

追求环境与人类的和谐统一，实现可持续发展是人类共同的理想。工业生产作为人类主要的经济方式，在给人类带来极大物质满足的同时，也造成了资源能源的巨大消耗和严重的环境污染，使人类将自己置于不可持续发展的危险境地。人类在反思自己行为的过程中注意到：尽管自然界每个生物种群的生长过程中都有废物的产生，但这些废物却都是循环的、互相利用的，唯一消耗的是太阳能。于是人们意识到应该按自然界的生态模式来规划工业生产模式，才能从根本上解决资源、能源和环境上的可持续发展，因而提出了生态工业的理念。

生态工业是指依照自然界生态过程物质循环的方式来规划工业生产系统的一种工业模式。它模仿自然生态的规律，力求促进资源的循环利用，从"资源—产品—污染排放"转变到"资源—产品—再生资源"，即一个生产过程的废物可以作为另一个过程的原料加以利用，使生产和消费尽量不产生或少产生废弃物。

生态工业园区是生态工业的实践，是包含若干工业企业，也包含农业、居民区的一个区域系统。在生态工业园区内的各企业内部实现清洁生产，做到废物源减少，而在各企业之间实现废物、能量和信息的交换，以达到尽可能完善资源利用和物质循环以及能量的高效利用，使得区域对外界的废物排放趋于零，达到对环境的友好，所以称为生态工业园区。

丹麦、法国、德国、日本、美国、加拿大等国相继开发了清洁技术，建立了生态工业园区。中国生态工业园虽然起步较晚，但发展较快。到目前，国家环保总局已组织专家论证通过了19个国家生态工业示范园区的建设规划，其中2005年建立的南海国家生态工业建设示范园区、广西贵港国家生态（制糖）工业示范园区是我国最早建立的生态工业园区，目前正逐步走向完善和成熟。

（选自《循环经济与区域发展的理论与实证》，经济科学出版社2008年版）

第二节　中国农业生产

同学们,你知道农业在国民经济中的重要性吗?你了解自己所吃用的农产品各自产地在哪里吗?俗话说"民以食为天",农业作为人类的"母亲产业",不仅是人类的衣食之源和生存之本,同时也是支撑国民经济建设和发展的基础。各种农业地域的形成,是劳动人民因地制宜、合理利用自然条件与经济技术条件发展农业的结果。

一、农业的概念

人类利用土地的自然生产力,栽培植物或饲养动物,以获得所需产品的产业,就是农业。由于动植物的生长与自然环境的关系密切,因而农业是受自然环境影响最大的产业。农业又是发展历史最悠久的产业,随着社会的发展和科技的进步,社会环境对农业的影响越来越大。农业地域的形成,在一定程度上体现了农业生产与自然环境、社会环境的相互关系。

知识拓展

近年来,新疆特色农业发展迅速,逐渐成为驰名中外的"瓜果之乡"。伽师瓜有"中国瓜王"和"西域珍品"的美誉,以果肉丰厚、质细味美闻名中外。2006年6月,伽师瓜地理产品标志被国家质量技术监督检验检疫总局正式批复使用。目前,新疆具有地理标志的农产品,还有哈密瓜、吐鲁番葡萄和库尔勒香梨。

新疆瓜果格外香甜的原因是什么?与当地的哪些因素有关?

二、影响农业的区位因素

影响农业的区位因素主要有自然条件、社会经济条件和科学技术条件三个方面。泰国湄南河平原和澳大利亚东南部的农业生产之所以大不相同,就是因为两地的自然条件和社会经济条件有着巨大的差异,从而决定了两个地区对农业的不同选择(表7-1,图7-11)。由此可知,农业的区位选择,其实质是对农业土地的合理利用。

表7-1　泰国湄南河平原与澳大利亚东南部区位条件及生产状况对比表

地区		泰国湄南河平原	澳大利亚东南部
区位条件	自然条件	高温多雨,雨热同期,地形平坦,土壤肥沃,河网稠密,水源充足,适宜水稻种植。	气候温暖,地形开阔平坦。土壤肥沃,灌溉便利,适于小麦种植和放牧。
	社会经济条件	人多地少,劳力充足,粮食需求量大,机械化和现代科技水平低。	地广人稀,交通便利,机械化和科技水平较高。
生产状况	农业景观	水田广布	牧场和麦地广阔
	农业结构	种植业为主	种植业和畜牧业并重
	经营方式	小农经营	大规模家庭农场
	产品用途	自给农业	商品农业
	地域类型	水稻种植业	混合农业

图 7-11 泰国湄南河平原的水稻种植业和澳大利亚东南部的畜牧业

> **知识拓展**
>
> 材料 1：稳定农产品价格是"安天下，稳民心"的大事。2010 年 8 月份两次国务院常务会议专门就粮食生产、农产品价格制定了措施。随后，国家发改委等相关部委也就农产品生产和价格稳定出台了相关实施办法。
>
> 材料 2：有一首北朝民歌，其中一句"天苍苍、野茫茫，风吹草低见牛羊"描绘的是我国内蒙古牧区壮丽富饶的景象。内蒙古牧区为我国四大牧区中最大的牧区。
>
> 材料 3：我国杭州的"明前龙井茶"世界驰名，日本茶道研究者曾经把茶种带到日本栽培但效果始终不好。
>
> 1. 根据材料 1 分析：什么是影响农业生产的重要因素？但最终决定农业类型和规模的是哪个因素？
> 2. 材料 2 中，内蒙古牧区发展畜牧业的区位优势有哪些？
> 3. 材料 3 中，"明前龙井茶"在日本栽培效果不好的根本原因是什么？

（一）自然因素的利用和改造

影响农业的区位因素也不是一成不变的。相比之下，自然因素比较稳定，但它对农业区位的影响并非都是决定性的。一方面，人们通过培育良种，改良耕作制度等技术改革，扩大某种农作物的区位范围。例如，我国已将小麦的种植高限发展到海拔 4000 米的高度。另一方面，随着经济技术条件的发展，人们经常对不适宜农业生产的自然因素进行改造，使之适宜发展农业，比如修筑梯田、建造玻璃温室等。

（二）社会经济因素的发展变化

如果说，一个地区的自然因素可以看做是相对不变的话，那么农业生产的社会经济因素则一直处于不断的发展变化之中。其中，市场区位及需求的变化，对农业区位的影响最为突出。当市场上某种农产品供不应求时，这种农产品的经营规模就会扩大，反之则会缩小。我国近几年大蒜由"蒜你狠"变"蒜你贱"、绿豆由"豆你玩"到"玩不转"，鲜姜由"姜你军"反"被姜军"，类似的农产品价格暴涨暴跌都充分说明在农业区位选择时，对市场可能的变化作出科学预测的重要性和必要性。

交通运输条件的改善和农产品的保鲜、冷藏等技术的发展，使市场对农业区位的影响在地域上大为扩展。例如，我国北方冬季从南方的四川、广东等省大量调进蔬菜；荷兰的鲜花装点着世界许多城市。由此看来，农民在农业区位选择时不得不着重考虑市场和交通运输这两个最富变化的社会经济因素。

知识拓展

1. 调查了解自己家乡所在地的农业主要受哪些因素的影响?
2. 综合考虑影响农业的区位因素,当今社会,哪些因素在农业区位选择中起的作用越来越大?
3. 当前,我国农民在不同年份扩大或缩小某种农作物的种植面积,引起这种变化的主要原因是什么?

图7-12 梯田

梯田是为了保持水土,在坡地上分段沿等高线建造的阶梯式农田(图7-12),是人们对自然因素进行改造、治理坡耕地水土流失的有效措施,其蓄水、保土、增产的作用十分显著。梯田在我国的东南部丘陵地区以及黄土高原、云贵高原等地区分布广泛。

地中海气候区冬季多雨,而且经常下暴雨,造成高地水土流失和低地沼泽化。后来人们大规模兴修水利,拦洪灌溉,涸沼开垦,对水的因素进行季节调节,改变了农业区位条件,使这里更加适合水果、蔬菜、花卉的生产。但是,由于这里交通不便,长期以来水果、蔬菜等产品主要就地消费,花卉不能大量生产。19世纪中叶以后,交通运输发生了革命性的变化,同时伴随着工业化的步伐,欧洲的城市化进展迅速,居民生活水平大幅度提高,对葡萄酒、新鲜水果、蔬菜和花卉的需求量猛增。于是,环地中海的法国、西班牙、阿尔及利亚、突尼斯、以色列等国农业生产选择专业化,成为水果、蔬菜、花卉等"时鲜业"的大规模生产基地,并在此基础上加工酒类,产品大量销往欧洲各地。随着现代保鲜技术的发展,市场前景更加看好。

但是,越是大规模专业化农业的生产,遭受低温、洪水、病虫害等灾害时的损失越大,环地中海时鲜业已有过多次惨痛教训。同时地区之间的农业区位差异造成竞争态势。西班牙位于法国以南,气温较高,时鲜货上市较早,而法国距离欧洲腹地较近,货物运输更便捷,两国之间同类产品竞争激烈。这些问题都要求环地中海地区农业在区位的选择上作进一步的研究和思考。

知识拓展

1. 修筑梯田反映了人们对哪种自然因素的改造?在坡度较小的丘陵地区修筑梯田有什么好处?在坡度较大的山区能否修筑梯田?为什么?
2. 分析环地中海地区的农业变迁主要受哪些区位因素变化的影响?
3. 云南昆明过去以烟草业的发展为支柱型产业,近年来其产业结构发生了明显的变化,它已经发展成为我国鲜花、干花的专业化生产基地。试评价这种农业变迁现象出现的原因。

三、农业地域的形成

农业生产的特点决定了农业必须按照自然条件和经济技术条件进行生产,因地制宜,扬长避短。农业地域就是在一定的地域和一定的历史发展阶段,在社会、经济、科技、文化和自然条件的综合作用下形成的农业生产地区。同一农业地域内,农业生产的条件、结构、经营方式、发展方向等具有相同的特征。不同农业地域的形成,就是因地制宜发展农业、合理利用农业土地的结果。

(一)混合农业

混合农业是在同一农场中将种植业和畜牧业有机结合在一起的农业地域类型。澳大利亚既是世界小麦市场的主要供应国,也是世界畜产品的主要产地之一,还是世界最大的羊毛生产国和出口国。其羊毛和小麦主要产于东南部和西南部的草原地区。这两个地区的农业生产普遍采用同时种植小麦和牧羊的混合经营方式。

澳大利亚坚持"土-草-畜-市场"的混合农业模式,采取围栏放牧、划区轮牧等措施,并将天然草场改良为半人工草场,播种优质豆科牧草并施肥,提高了牧草产量和质量,保持畜草平衡。耕作区实行牧草与作物轮作,作物经营比较粗放。

东南部的墨累-达令盆地是典型的小麦-牧羊地区,其混合农业有以下三方面显著特点:

(1)良性的农业生态系统。农场内的土地交替种植小麦、牧草或休耕,充分保证麦田的肥力。此外,种植的饲料饲养绵羊,羊粪可成为麦田的肥料。

(2)有效安排生产。小麦的耕作活动和牧羊活动在一年内交替进行,农民可有效地利用时间安排农事活动。小麦种植的忙季在秋(播种)春(收割)两季,冬季为小麦生长季节,农事较闲。而冬季正好是牧羊活动的忙季(绵羊的配种和剪羊毛)。

(3)商品化程度高,市场适应性强。农民可根据市场需求自主决定多种植小麦还是多牧羊,农民的收入比较稳定。

(二)基塘农业

基塘农业是我国珠江三角洲地区劳动人民在长期的农业生产实践中因地制宜创建的一种形式新颖的混合农业。

基塘是指水塘及包围水塘的小地块(图7-13)。这种农业生产包括桑(桑树)基鱼塘和蔗(甘蔗)基鱼塘等类型。在珠江三角洲中部,有许多地势低洼的地方,每逢暴雨便积水不退,后经人工改造,把洼地深挖成池塘养鱼,挖出的泥土堆在四周成"基"。"基"既可在暴雨洪水时防止塘水泛滥,又可在"基"面上栽培桑树、甘蔗等。比如,"基"上种植桑树,桑树可以养蚕,蚕沙投入池塘又可成为鱼的饵料,鱼类及微生物分解后的塘泥又成为"基"面上作物的肥料,两者相互促进、互为利用,构成基、塘互养的水陆物质循环体系(图7-14),提高了资源利用率和经济效益,这是我国农业生产上充分利用土地资源,变不利条件为有利条件、改造自然的突出典范。

图7-13 基塘

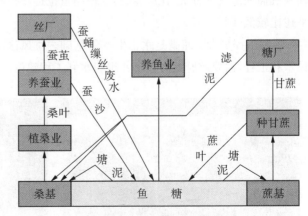

图7-14 基塘循环体系

如今,随着时代的发展,珠江三角洲传统的"桑基鱼塘"模式已经发生了巨大变化,伴随工业化和城市化的迅速发展,它已变成了面向市场的"杂基鱼塘",基面已改种草或蔬菜、花卉、水果等,大量的农田变成了果园、花卉基地、无公害蔬菜基地、特种禽畜渔业养殖场等。

> **知识拓展**
>
> 1. 澳大利亚墨累—达令盆地的混合农业是如何形成的?这种良性生态系统有何特点?
> 2. 珠江三角洲由传统的"桑基鱼塘"转向"花基鱼塘、菜基鱼塘、果基鱼塘",引起这种变化的主要原因是什么?并简要说明基塘农业有哪些优越性?
> 3. 把澳大利亚的混合农业与珠江三角洲的基塘农业做一比较,说说它们的相似之处是什么?

四、主要的农业地域类型

农业地域类型是指在不同的地区之间开展商品交换所形成的农业经济表现。由于动植物的不同地域分多种农业地域类型。

(一) 亚洲季风区农业

亚洲季风区农业以种植业为主,作物以水稻为主。稻米是人们喜爱的食粮,当地农民种植经验丰富,这里所产稻米占世界稻米总产量的绝大部分。中国是世界最大的稻米生产国。

亚洲季风区有着种植水稻的优势区位条件。从生态习性看,水稻喜温喜湿,亚洲季风区雨热同期的气候很适宜水稻的生长;从生产方式看,水稻种植业属于劳动密集型农业,它生产过程复杂,劳动强度大,需要投入大量劳动力来精耕细作,而亚洲季风区人口稠密,充足的劳动力为水稻生产提供了可能。

亚洲季风水田区的水稻种植业有以下几方面特点:

(1) 小农经营。亚洲季风区的水稻生产以家庭为单位。由于人均耕地少,每户耕种的田地很少。我国南方每户耕种的水稻田一般都少于 1 公顷。

(2) 单位面积产量高,但商品率低。农民在田地里精耕细作,使稻谷的单位面积产量较高。但是由于人口多、耕种田地规模小,每户稻谷的总产量不大。加上传统观念及经济水平的制约,农民将所收稻谷的相当一部分留作自用,而送到市场上出售的稻谷很有限。

(3) 机械化水平和科技水平比较低。以前,我国水稻生产主要靠人力完成,犁田、耙田使用耕牛较多。农民种植水稻,主要凭传统经验,一般从事手工劳动。虽然近一二十年来,利用电力进行灌溉、脱粒、拖拉机犁田、利用插秧机插秧等发展较快,化肥、农药的使用量也逐步提高,但从总体上看,季风水田农业的机械化水平和科技水平还比较低(图 7-15)。

(4) 水利工程量大。灌溉是水稻生产的基础。季风区水旱灾害频繁,对水稻生产威胁很大。小农经营无力建设水利工程,需要政府大力投资并组织水利工程建设。

图 7-15　手工劳作与机械化

知识拓展

问题

（1）"我国幅员辽阔，不同地区发展农业的差异很大：南方为水田农业，北方为旱地农业；青藏高原为河谷农业，云贵高原为"坝子"农业……"。请思考形成我国农业生产地区差异的原因是什么？自己学校所在地属于哪种农业地域类型？

（2）歌曲《我的祖国》里"一条大河波浪宽，风吹稻花香两岸……"，曲中的一条大河是什么河？大河两岸的农业地域类型是什么？

（3）结合我国农业地域类型的分布状况，思考：我国南方居民一日三餐离不开的主食是什么？为什么那里的水稻种植面积广？南方发展水稻种植业的有利区位条件有哪些？

（4）针对亚洲水稻种植业特点中存在的问题，你能提出哪些解决问题的建议或措施呢？

（二）商品谷物农业

商品谷物农业是一种面向市场的以商品粮生产为主的农业地域类型，种植的作物主要是小麦和玉米。生产规模大、机械化程度高是商品谷物农业的基本特征（图7-16）。商品谷物农业主要分布在美国、加拿大、阿根廷、澳大利亚、俄罗斯、乌克兰等国，这些国家的商品谷物农场一般是家庭经营的。我国东北、西北也有这类农业，但我国的商品谷物农场一般是国营的。

适合发展商品谷物农业的地区，一般具有如下区位条件：机械化水平高、农业科学技术先进、地广人稀、地坦开阔、气候温和等。

图7-16 大规模、机械化农业

美国是世界上最大的商品谷物生产国，商品谷物农场主要分布在中部平原。这里有发展商品谷物农业的优势区位条件：

（1）自然条件优越。地势平坦广阔；土壤深厚、肥沃；水源充足；气候温和，降水丰富，夏季潮湿。

（2）便利的交通运输条件。五大湖及密西西比河航运，与发达的公路和铁路相衔接，构成四通八达的交通运输网。

（3）地广人稀。中部平原原来只是茫茫旷野，欧洲人到来之后才逐渐开发成谷物生产基地。由于地广人稀，可以进行大规模生产，使得这里的谷物生产比起欧洲有着很大的优势。现在，美国人口虽然较多，但城市化水平高，广大农村依然人烟稀少。

（4）高度发达的工业。美国发达的工业为农业生产提供了现代化的农业机械，以及电力、化肥、农药等。现在，这里谷物生产的各个环节，都由机械作业。农业机械向大型、宽幅、高速、联合作业方向发展。有的农场播种、施肥、喷洒农药等，还使用飞机作业。农业机械化大大缓解了美国人少地多的矛盾。

（5）先进的科技。美国政府为促进农业的发展，在全国建立起一个庞大的农业科技研究和推广系统，免费向农场主提供最新的农业科技成果，提高了商品谷物农业的科技含量和市场竞争力。

由此看来，美国的商品谷物农业是典型的高投入、高产出的代表。生产资料投入和科技投入都很高，充分体现了现代农业劳动效率高、商品率高的特点。

> **知识拓展**
>
> 1. 把美国商品谷物农业的形成条件和特点与亚洲季风区水稻种植业作一比较,分析二者最大的差异是什么?
> 2. 黑龙江省作为我国最大的商品粮生产基地,为保障我国粮食安全做出了重要贡献。试分析黑龙江省能成为我国最大商品粮基地的原因是什么?

(三) 大牧场放牧业

大牧场放牧业是一种进行大规模商品畜牧业生产的农业地域类型。这种农业主要分布于美国、澳大利亚、新西兰、阿根廷、南非等国的干旱、半干旱气候区,这些地区地广人稀,地表以草原植被为主,只能用于放牧牲畜,因而形成广袤的大牧场放牧业。

西欧平原广阔,气候温凉、潮湿,多雨多雾,日照少,很适宜多汁牧草的生长,这为乳畜业的发展提供了优越的自然条件。另一方面,西欧经济发达,城市化水平高,人们有饮用牛奶的习惯,乳产品是当地人餐桌上的重要食品,因而他们有发展乳畜业的愿望强烈,称牧草为"绿色金子"。

影响乳畜业发展的因素有两个,一是市场,二是饲料。就市场因素看,城市需要大量的新鲜牛奶及其制品;受牛奶运输的影响,以生产牛奶为主的乳畜业位于大城市周边,而生产乳制品的乳畜业则离城市较远。就饲料因素看,乳牛既需要多汁的青饲料,也需要含蛋白质较高的精饲料,因而,西欧乳畜业地区既种植优质牧草,也种植精饲料作物。另外,西欧乳畜业机械化程度比较高,从牧草及饲料作物的耕种到挤奶工作,都采用现代化机械,这大大缓解了当地劳动力短缺的问题。

> **知识拓展**
>
> 1. 讨论
> (1) 从幼儿园小朋友喜欢喝奶、吃奶油蛋糕等乳制品说起,谈谈在城市周围发展乳畜业的重要性和必要性。
> (2) 结合本章所学内容,搜集世界和我国各地不同的农业生产类型及其不同的农产品品种,编成幼儿故事或儿歌。
> 2. 阅读材料
>
> **现代农业**
>
> 一提到"农业",也许不少人脑海中浮现出来的还是"面朝黄土背朝天"的场景。其实,这只是传统农业的"标准相"。传统农业以小生产为特征,规模小、商品率低、科技含量少,也就是人们常说的"小农经济"。而现代农业是以高资本投入为基础,以工业化生产手段和先进科学技术为支撑,有社会化的服务体系相配套,用科学的经营理念来管理的农业形态。与传统农业相比,现代农业可谓有了"脱胎换骨"的变化。现代农业,是一种"大农业"。它不仅包括传统农业的种植业、林业、畜牧业和水产业等,还包括产前的农业机械、农药、化肥、水利和地膜,产后的加工、储藏、运输、营销以及进出口贸易等,实际上贯穿了产前、产中、产后三个领域,成为一个与发展农业相关、为发展农业服务的庞大产业群体。
>
> 现代农业,靠的是高科技投入。传统农业主要依赖资源的投入,而现代农业则日益依赖不断发展

的新技术投入，包括生物技术、信息技术、耕作技术、节水灌溉技术等农业高新技术。像我国超级稻育种技术的新突破，就是利用现代生物技术，实现了亩产900公斤的跨越，引领了水稻生产的新革命。新技术的应用，使现代农业的增长方式由单纯地依靠资源，转到主要依靠提高资源利用率和可持续发展能力的方向上来。

现代农业，闯的是大市场之路。与传统农业自给为主的取向和相对封闭的环境不同，现代农业的大部分经济活动被纳入市场交易之中，农产品的商品率很高，生产主要是为了满足市场的需求，具有高度的规模化、产业化和市场化。像我国的河南双汇集团、内蒙古伊利集团等，已经发展成为产供销相连接、贸工农一体化的大型企业集团。

现代农业，搞的是多功能发展。随着经济的发展和人们生活水平的提高，现代农业已不仅仅局限于传统农业的农产品供给功能，其广度和深度也大大增加了。比如，通过农业产业链的延伸，农业对农村劳动力的吸纳功能和就业增收功能明显增强；通过开发利用各类农业资源，发展"一村一品"的特色经济，农业开始承担起生活休闲、生态保护、旅游度假、文化传承、教育等功能，由此也形成了生态保护农业、休闲观光农业、循环农业、服务型农业等多种新型农业形态。

总的来看，现代农业一改传统农业的基本面貌，具有了新的内涵、功能和定位。可以说，从传统农业到现代农业的转变，是实现农业现代化的必然要求，也是整个经济社会现代化不可或缺的部分。

讨论题

说一说自己家乡所在地的农业主要受哪些因素的影响？

活动题

结合本章所学内容，搜集世界和我国各地不同的农业生产类型及其不同的农产品品种，编成幼儿故事或儿歌。

第八章

人类活动地域联系的主要方式

人们的衣食住行以及各种经济活动都是在一定的地域空间上进行的。自然资源的分布和区域、社会经济发展的不平衡,使不同的地域之间的物质和信息,要通过交通运输、通信、商业和贸易等方式进行交流,实现互补,这样社会才能形成一个运转自如的整体。

第一节 人类联系的主要方式

社会发展至今,不同地域人们之间的联系已经变得异常频繁,越来越离不开交通运输、通信和商业贸易活动等主要的地域联系方式。

交通运输、通信和商业贸易等是目前人类活动的地域联系的主要方式。要实现人类活动的地域联系,就需要选择合适的联系方式。作为交通运输网中的线和点,在对其进行区位选择时,必须要考虑经济、社会、技术和自然等因素的影响和制约。现代交通运输的发展,目的在于提高运输量、缩短运输时间、降低运输成本、保证运输的安全性等。邮政和电信的发展,商业的形成及区位选择也要受自然和经济地理环境的影响和制约。随着国际贸易的发展,人们交易的范围越来越广泛,但同时也出现了发达国家与发展中国家之间贸易的种种不平等,为了改变这种不平等关系,发展中国家之间应加强"南南合作",发展中国家和发达国家之间应进行"南北对话",力争在公平合理、平等互利的基础上发展国际贸易,推动世界经济健康发展。

第二节 交通运输

想一想,在什么情况下运送什么样的货物利用飞机最合适?你所居住的城市有飞机场吗?你知道为什么吗?

一、交通运输的主要方式

交通运输是实现人和物位置移动的主要手段。交通运输方式是随着社会的进步而发展的。人类社会早期,人们靠手提肩扛运送货物,后来逐渐发展到利用牲畜驮运。当今,交通运输方式五花八门,多种多样,其中,现代化的铁路运输、公路运输、水路运输、航空运输和管道运输是五种最主要的交通运输方式(表8-1)。这五种主要的交通运输方式各有优点和缺点,在社会生产和生活中发挥着不同的作用。

表8-1 五种主要交通运输方式的比较

方式	优 点	缺 点
铁路运输	运量大,速度快,运费较低,受自然因素影响小,连续性好。	修建铁路造价高,消耗金属材料多,占地面积广,短途运输成本高。

续表

方式	优　点	缺　点
公路运输	机动灵活,周转速度快,装卸方便,对各种自然条件适应性强,应用最广。	运量小,耗能多,成本高,运费较贵。
水路运输	历史最悠久的运输方式,运量大,投资少,成本低。	速度慢,灵活性和连续性差,受航道水文状况和气象等自然条件影响大。
航空运输	飞行速度快,运输效率高,是最快捷的现代化运输方式。	运量小,能耗大,运费高,且设备投资大,技术要求严格。
管道运输	运具与线路合二为一。用管道运输货物(主要是原油和成品油、天然气、煤浆以及其他矿浆等),气体不挥发,液体不外流,损耗小,连续性强,平稳安全,管理方便,而且可以昼夜不停地运输,运量很大。	管道运输要铺设专门管道,设备投资大,灵活性差。

　　人类在利用天然的河、湖、海航运的同时,很早就挖掘人工运河,接通天然河道,扩大航运范围。我国早在春秋时期就开凿了邗沟运河;秦朝时挖掘的灵渠把湘江和珠江水系连接起来;隋朝时完成了贯穿南北的大运河,这是世界上开凿最早、规模最大、里程最长的运河。唐代以后逐渐开始了海上贸易。宋代已把帆船作为海上交通的重要工具,从广州、泉州等地出航东南亚、印度洋以至波斯湾。明代大航海家郑和曾先后7次渡洋远航,沟通了我国同亚非许多国家的经济和文化关系。

　　18世纪下半叶,蒸汽机的发明导致了产业革命。19世纪初,蒸汽机相继应用于船舶和在轨道上运行的车辆,出现了机动船和机动车,从此开辟了近代运输的新纪元。到19世纪末,随着内燃机的发明,人类制造出灵活、机动的汽车,开始了现代的公路运输。20世纪初将内燃机应用于飞行技术,飞机的诞生及其制造工业的进步,使航空运输得到迅速发展。几乎与此同时,随着人类社会经济和技术的突飞猛进,以及公路和航空运输的日益开拓,导致石油开采和能源结构中液态、气态燃料的迅速增加,具有输送石油独特优势的管道运输也应运而生并得到很大发展。至此,五种现代化运输方式已先后形成。

　　在很多地区,现代交通运输方式相互联合,各种交通运输线(如铁路、公路、航线)交织、交通运输点(如车站、码头)联结,已经形成了不同形式和层次的交通运输网(图8-1)。

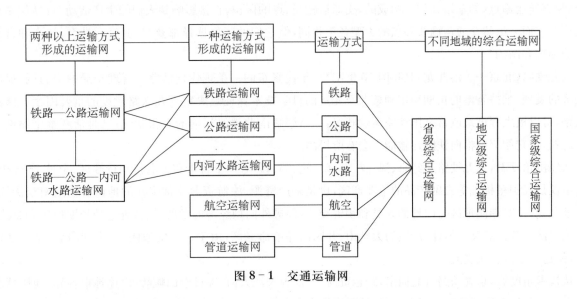

图8-1　交通运输网

　　目前,交通运输联系也不再局限于一国之内,国际之间、洲际之间的联系也变得越来越便捷和密切。

知识拓展

1. 填表

请在下表中填写合适的交通运输方式：

货物	距离	运输方式选择
20 千克急救药品	北京—乌鲁木齐	
1 吨鲜牛奶	郊区—市区	
10000 吨大米	武汉—上海	
1000 吨钢材	鞍山—石家庄	
100000 吨铁矿石	悉尼—上海	

2. 阅读材料

古代人们大都是沿河而居。为适应捕鱼和渡河的需要，便创造出最早的水上运输工具——独木舟。畜力车是随着对野兽的驯化而出现的。车子出现后，为了加快运输，提高载负，便产生了筑路的要求。古代的埃及、波斯、印度、罗马，都修过石砌道路。我国春秋战国时期，在秦岭地区开辟了著名的"金牛道"。秦始皇统一六国后，大修驰道，颁布"车同轨"的法令，使车辆可畅行全国，同时又设置驿站，建立起邮传系统。汉朝开辟了经西域通往西方的道路，被后人称为"丝绸之路"。

二、交通运输的区位选择

要进行交通运输，人们就要借助交通运输工具和交通运输网。交通运输网是由交通运输线（如铁路、公路、航线）和交通运输点（如车站、码头）构成的，交通运输线、点的区位，直接影响到人们的生产活动、贸易往来和社会交往等方面。虽然交通运输线和点的类型各不相同，但它们的区位选择都要受到经济、社会、技术和自然等因素的影响和制约。

京九铁路（北京—香港九龙）是我国20世纪90年代修筑的一条现代化铁路。合理布局的交通网、促进沿线经济的发展、维持香港的长期稳定和繁荣及先进的科学技术保证是决定京九铁路建设的重要因素。修建京九铁路，可以极大程度地改善全国铁路运输状况：一是缓解南北铁路运输的紧张状况；二是活跃整个路网。京九线通畅，与它相交的横向铁路运输能力会有所提高。

从经济角度看，京九铁路途经京、津、冀、鲁、豫、皖、鄂、赣、粤9个省市和香港特别行政区，全长2538千米，沿线不仅是我国粮棉油等农副产品的重要产区，也是矿产资源、旅游资源非常丰富的地区。铁路南至深圳，连接香港九龙，这对港澳地区与内地的人员和物资交流，促进外向型经济的发展，维持香港的长期稳定和繁荣，有重大的经济和政治意义。另外，沿线的大别山、井冈山等革命老区，由于过去交通闭塞，发展滞后，京九铁路的建设，使这些地区直接受益。

从技术角度看，京九铁路自北向南，跨越黄河、长江等大江大河，穿过崇山峻岭，沿途地形各异，地质情况复杂。在这种条件下修建铁路，必须要以新的科学技术为支撑。京九铁路在线路设计科学化、施工设备现代化和施工手段自动化方面均创出了国内铁路建设的一流。

由上可以看出，建设京九铁路最大的意义在于激活全国铁路网、带动沿线地区的经济发展。这说明由于科学技术的发展,在现代化铁路建设中,经济、社会因素对铁路区位的影响,已经超过自然因素而成为决定性因素。当然,在铁路选线时,自然因素仍很重要,应尽可能利用有利的自然条件,避开不利的自然条件,从而使选出的线路方案既能满足铁路运输能力的要求,又能减少铁路工程量,并便于维修保养。

知识拓展

1. 地图查找

(1) 京九铁路穿越哪些省、市?沿线有哪些重要的粮、棉、油产区?有哪些矿产资源和旅游资源?

(2) 京九铁路跨越哪些大江大河、丘陵山区?

2. 案例分析

上海港是长江三角洲上的一个河口港,可以兼作海港,主要港区沿黄浦江分布。三角洲地势平坦开阔,为港口设备、建筑以及上海市进行合理的平面布置提供了有利条件;长江和黄浦江一方面为港口提供淡水,另一方面保证了船舶入港航道应有的宽度和大量船舶抛锚所需的空间。但是,三角洲坡度极缓,水流分汊多,致使河道流量分散,来自河流上、中游的泥沙容易淤塞航道。为了维持航道有足够的水深,经常采用挖泥船作业,以保证航道畅通。

上海港的经济腹地是中国经济最发达的地区,包括川、渝、鄂、湘、赣、皖、苏、沪等省市。它通过长江干支流和铁路、公路同全国各地相连接,集散客货流,这是世界上其他大港所无法比拟的。经济腹地是港口兴衰的重要基础。

上海港以上海市为依托。上海市是我国最大的综合型工业城市和外贸基地,人、财、物的优势对港口的建设和发展具有重要作用。

从上海港的区位特点可以看出,建设港口时要考虑其航行、停泊、筑港等自然条件,以及腹地、城市等经济和社会条件。

(1) 说一说上海港的区位优势。

(2) 上海港所处地区属于哪种地貌?这种地貌对建港口有什么优缺点?

3. 讨论

选择一条你熟悉的铁路、公路,或一个车站,分析影响它们区位的因素有哪些?哪个因素起主导作用?

三、交通运输的发展趋势

(一) 发展综合运输

合理利用不同的运输方式,开展联合运输,组成多样化的运输体系,使它们各显其能,充分发挥各自优势。

(二) 提高运输效率

为提高运输效率,运输向高速化、大型化、专业化方向发展。

(1) 高速化体现在提高运输工具的运行速度、增加通过能力等方面。如高速铁路、高速公路的建设,飞机的提速等等(图8-2、图8-3)。

图 8-2　高速铁路

图 8-3　高速公路

（2）大型化主要表现为扩大运输工具的装载量，这在船舶方面最为明显。目前世界投入运行的最大油轮已超过 50 万吨级（图 8-4）。

（3）专业化最突出的体现是集装箱运输迅速发展（图 8-5）。

图 8-4　油轮

图 8-5　集装箱

知识拓展

　　磁悬浮列车是世界研制最早的新型高速列车之一，它是依靠电磁作用力把车辆悬浮在轨道上方，利用直流电机进行推动，其速度可达 500—1000 千米/小时。磁悬浮列车高速、安全、平稳、不污染、节约能源，是一种理想的交通工具。由于磁悬浮列车具有投资风险大、无法与既有铁路联网、只能适用于点对点的直通客流、运量小等缺点，目前还没有大规模地商用。2003 年 1 月，上海龙阳路至浦东机场的磁悬浮列车试运行，这是世界上第一条磁悬浮列车商业运营线。但其投资也是惊人的，31 千米的路线，其造价高达 10 亿美元。

（选编自方华的《从蒸汽机车到磁悬浮列车》，《地图》2003 年第二期）

第三节　国际贸易与金融

　　国际贸易在不断发展。但是，发达国家与发展中国家相比，其贸易品种和数量都有很大的不同。发达国家工业基础雄厚,主要出口工业制成品,小麦、玉米和畜产品等少数几种农产品,以及资本和技术;进口大量燃料和原材料。近年来,随着科学技术的发展和发达国家对高科技领域产品开发的重视,高技术产品进出口增长率高于其他制成品,占市场比重日趋增加,成为推动世界贸易发展的主要动力。

发展中国家工业基础比较薄弱,主要出口农矿产品等初级产品,例如橡胶、油棕、咖啡等热带农产品,铁、铜、石油、铝土矿等矿产品。20世纪70年代以来,许多发展中国家加快了工业化的步伐,经济得到了飞速发展,外贸出口商品结构也发生了很大变化。

20世纪50年代初期,我国出口的商品主要是初级产品。其中1952年我国出口的商品中初级产品所占比重为83.4%,工业制品占16.6%。现在,我国出口的主要商品是机电产品、高新技术产品、自动数据处理设备及部件、服装、纺织、钢材、电话机、农产品等,其中工业制成品的比重在90%以上(表8-3)。

表8-3 1980—2010年中国国外贸出口商品结构

	1980年		1990年		2000年		2010年	
	金额(亿美元)	比重(%)	金额(亿美元)	比重(%)	金额(亿美元)	比重(%)	金额(亿美元)	比重(%)
出口商品总额	181.2	100	620.9	100	2492.1	100	15777.5	100
初级产品	91.1	50.3	158.9	25.6	254.6	10.2	817.2	5.2
工业制成品	90.1	49.7	461.8	74.4	2237.5	89.8	14962.2	94.8
化学品及有关产品	11.2	6.2	37.3	6	121	4.9	875.9	5.6
按原料分类制成品	40	22.1	125.8	20.3	425.5	17.1	2491.5	15.8
机械及运输设备	8.4	4.7	55.9	9	826	33.1	7803.3	49.5
杂项制品	28.4	15.7	126.9	20.4	862.8	34.6	3776.8	23.9
未分类的其他商品	2.1	1.2	116.3	18.7	2.2	0.1	14.7	0.1
机电产品	13.9	7.7	110.9	17.9	1053.1	42.3	9334.3	59.1
高新技术产品	—	—	—	—	370.4	14.9	4924.1	31.2

* 注:机电产品和高新技术产品中包含部分相互重叠的商品。
数据来源:中国海关统计

由上述可知,发达国家以低价从发展中国家买进所需的燃料、原料等农矿产品,向发展中国家出口工业制成品。由于燃料、原料等初级产品价格较低,而制成品价格较高,发达国家在世界贸易格局中居优势地位。而广大的发展中国家,特别是第二次世界大战后,由原来的殖民地附属国新独立的一些国家,因本国民族工业落后,经济仍未摆脱外国垄断资本的控制,所以出口商品比较单一,传统农矿产品和初级产品的比重较大,在世界贸易格局中处于不利地位。为了改变发达国家和发展中国家之间存在的种种不平等的关系,发展中国家之间应加强"南南合作",发展中国家与发达国家之间应进行"南北对话",通过谈判改革国际经济旧秩序,建立国际经济新秩序,在公平合理、平等互利的基础上发展国际贸易,推动世界经济发展。

讨论题

选择一条你熟悉的铁路、公路,或一个车站,分析影响它们区位的因素有哪些?哪个因素起主导作用?

第九章

城市和城市化

城市是一种重要的聚落,城市的形成和发展是社会、经济、文化发展的结果。城市比原始社会旧石器时代的营地和新石器时代的村庄能更有效地组织和发挥人力物力,进行分工合作,促进商品流通,发展文化艺术和科学事业,也更利于军事防御,更便于集中管理。因此城市是人类文明的象征,城市的出现标志着人类开始进入文明时代。

第一节 城市的起源和发展

据联合国人居署估计,目前全世界有一半以上的人口生活在城市里。到2030年,这一比例将达到60%。城市是人类文明的中心,它是在原始社会向奴隶社会过渡的时期产生的。

图9-1 "城"

在我国,"城市"一词源于"城"和"市"的基本内涵。"城"的出现早于"市",是指四周有城墙维护,具有防守保护的区域(图9-1),而"市"则是指集中进行商品交换的场所。随着社会经济的发展,夏商时期,"城"与"市"逐渐融为一体,演变成了早期的城市。随着时代的进步,城市的含义日益丰富,不仅具有"城"和"市"的基本含义,而且还具有政治、经济、社会、文化等方面的内涵。

现在一般认为,城市是达到一定人口规模,并以非农业人口为主的居民聚居地。城市具有高度的密集性,人口、建筑、生产、物资、信息以及经济活动、文化活动高度集中,是一定地域的政治、经济、文化、科技、教育中心。城市还是一个开放的系统,时刻与周围的乡村及其他地域进行着人口、物资和信息的交流。

据考古发掘,城市首先出现在四大河的中下游平原上,即美索不达米亚平原、尼罗河谷地、印度河谷地和黄河中下游地区。最早的城市之所以产生于这些大河流域,主要因为城市文明是以农业文明为基础的,而这些大河流域正是世界上最早的几大农业文明产生之地,这表明城市是由乡村蜕变而来的。

城市的出现估计在公元前5000年至公元前3500年这段时间。城市的出现需要具备两个基本条件:一是农业生产技术的创新。世界最早出现城市的地区,在城市出现之前,人们一般已采用了灌溉技术,开始人工种植农作物和畜养动物。农业生产技术的创新,促进农业劳动生产率提高,使农业生产有一定的剩余产品。有了剩余产品才有商品交换的可能,这是城市起源的物质基础。二是社会分工促进了城市的出现。由于第二次社会大分工,手工业从农业中分离出来以及商业的出现,使得商品交换日渐频繁,在适于货物集散和商品交换的地方逐渐形成了固定的交易场所——集市。随着交换地域的进一步扩大,集市就可能发展演变为城市。

> **知识拓展**
>
> 1. 古代的城市为什么要修筑城墙？今天的城市还有城墙吗？为什么？
> 2. 收集资料，了解你所感兴趣的一座城市的发展历史。

第二节　城市区位与城市空间布局

读图 9-2，想一想：A、B、C 三个聚落中，哪个较有可能先发展成为城市？为什么一个城市会在某一地点形成发展起来？为什么有的城市发展得很大，有的城市却很小？要寻求某个城市形成、发展的原因，就必须了解城市的区位因素。这里所说的"区位"，包含两层含义：一方面指某事物所在的位置（绝对区位）；另一方面指该事物与其他事物之间的空间联系（相对区位）。

图 9-2

影响城市区位选择的各种因素即城市的区位因素。不同城市以及同一城市发展的不同阶段，城市的区位因素有所不同，但都有其主导因素。

一、地形与城市区位、与城市空间布局

世界上大城市多数位于平原地区，尤其是河流的中下游平原。因为平原地区地势平坦，土壤肥沃，便于农耕，而且平原没有显著的障碍，便于建筑物、道路等城市基础设施的建设，对外联系方便，是人口集中分布的地区，也是城市发育的理想环境。

高原和山区也有城市分布。热带地区的城市主要分布在高原上，这主要是因为热带的平原低地气候闷热，不适宜居住，而高原则较为凉爽。山区城市一般都沿河谷或在比较开阔的低地分布，如我国位于汾河谷地的太原市、位于渭河谷地的西安市等。

我国的地理中心和西北重镇兰州市，位于青藏高原东北侧的黄河河谷盆地内，周围群山环绕。市中心海拔约 1520 m，南北两山相对高度为 600 m，黄河自西向东贯穿全城，形成了一个东西长约 45 km，南北宽仅 2～8 km 的带形哑铃状的河谷盆地。城市沿河谷地带呈狭长的带状分布。

知识拓展

图9-3 兰州市地形

读图9-3，思考：兰州的城市分布与地形之间有什么关系？除了地形因素，这样的城市分布还受什么因素影响？

二、河流与城市区位、与城市空间布局

河流的供水和运输功能往往决定了城市的区位。一方面，城市集中了大量人口，加上以工业活动为主，每天都需要大量的生活用水和生产用水，这就吸引着城市临河分布。另一方面，河流可作为重要的运输通道，水运是影响早期城市形成的主要区位因素。从我国城市发展史来看，大部分城市都是沿江湖河道发育壮大起来的。沿河设城，是我国南方城市分布的一般规律。

沿河城市有不同的区位选择：河流上游可通航河段的起点因为有货物在此转运，促进了城市的形成，如位于赣江上游的赣州市。

支流与干流汇合的地方更是城市选址的良好区位，因为有大量人流、物流在这里集散、中转。如重庆市位于嘉陵江与长江干流的汇合处，武汉市位于汉水与长江干流的汇合处。

位于大河的入海口并具有优良港湾的地区也容易形成城市，而且往往会成为全流域最大的城市。因为那里既可与全河流相通，也可与海洋相连，有利于物流和人流的集散。如位于长江入海口的上海市、位于珠江入海口的广州市。

三、气候与城市区位、与城市空间布局

人类出于本能，在生活和生产过程中不断向气候适宜的地带迁移集中。这些地带，农业生产发达，吸引人口流入，促使人口密度提高，使得城市逐渐形成，城市数目逐渐增多，规模也逐渐扩大。

世界的城市，特别是大城市主要分布在气温适中的中低纬度地带。而在这个地带内，相对于内陆地区而言，气候较为湿润的沿海地区，往往成为许多大城市的优良区位。

我国100万人口以上的大城市中，除了少数几个城市位于年降水量不足400毫米的西北部干旱、半干旱地区，大多数城市分布的地区，既有适度的降水，又有适中的气温。

四、资源与城市区位、与城市空间布局

资源丰富的地区，一般都是兴建城市的理想场所。世界上有不少因为资源丰富而兴起的城市，尤其以矿产资源的开发利用为基础而形成的矿业城市最多。如美国的匹兹堡，我国的大同、鹤岗等都是以煤炭为基础形成的城市。英国的阿伯丁，我国的大庆、克拉玛依等城市的兴起都与石油的开采有关。我国的鞍山、攀枝花等是在铁矿石产地发展起来的城市。中国瓷都景德镇的形成也与陶瓷土资源丰富有关。

此外，我国黑龙江省的伊春是因森林资源丰富、以木材加工为基础形成的城市，巴西的维塞亚是因盛产橡胶而形成的城市。近些年由于旅游业的发展，还出现了一批因旅游资源丰富而兴起的旅游城市，如我国的黄山市、桂林市等。

五、交通与城市区位、与城市空间布局

城市需要与周边地区或其他城市保持便捷的联系，因而城市分布的趋势是向交通方便的位置集中。世界上的城市，尤其是大城市，一般都沿海、沿江、沿铁路干线或沿高速公路分布。

在不同的交通运输时代，城市产生的区位有所不同。在以帆船、马车为主要运输方式的古代，城市多建在河流、大道的交点处。如我国古代邯郸城就是在两条驿道的交点上发展起来的。随着公路、铁路运输的发展，在公路、铁路枢纽及其沿线出现了一批城市，如石家庄、株洲等都是典型的"火车拉来的城市"。

一个地区主要交通线发生变化，会给该地区城市的分布和发展带来很大影响，如铁路的修建、海洋运输的发展会使沿铁路线、沿海的城市迅速发展起来；但若河流淤塞，也会造成沿河城市的衰落。

知识拓展

读图9-4，回答下列问题：
1. 1949年以前影响株洲城市区位的主要自然因素是什么？
2. 株洲市现有街区分布与1949年以前相比，有何变化？
3. 影响株洲市城市区位发生变化的原因是什么？

图9-4 株洲城市的发展

六、政治文化与城市区位、与城市空间布局

政治因素对某些城市的发展是至关重要的。一个国家或地区的政治中心往往会发展成为大城市。例如，合肥市原为安徽省的一个普通县城，新中国成立以后合肥成为省会，工业、交通、城市建设迅速发展，成为安徽

省最重要的城市。

人类的文化活动,往往也能促使城市的形成和发展。英国的牛津、剑桥因是著名大学所在地而成为世界闻名的大学城;而沙特阿拉伯的麦加、麦地那,我国西藏的拉萨等最早主要是作为宗教中心发展起来的城市。日本的筑波、美国的硅谷则是作为世界著名的科技城而发展起来的。

知识拓展

筑波是日本新兴科学城,位于东京东北60 km筑波山西南麓。这里有40多个科研机构和2所大学。居民主要是科技人员、教职工、研究生和大学生。

第三节 城市化进程和城市问题

一、城市化

城市化是社会经济发展的必然结果,是社会进步的表现。例如,我国改革开放以来,社会生产力取得了巨大进步。尤其在东部沿海地区,随着产业结构的调整和工业化进程的加快,一方面,大批乡村人口涌向城镇,使得原有城镇规模不断扩大;另一方面,通过县改市、乡改镇的途径,新设了一大批市和镇。

城市化有三个主要标志:城市人口增加,城市人口在总人口中的比重上升,城市用地规模扩大。衡量城市化水平的最重要指标是城市人口占总人口的百分比。

从最初的城市形成以后的几千年时间里,世界的城市人口和城市人口比重呈很低的水平缓慢增长。在1750年之前,世界城市人口比重只有1%～2%。从1800—2000年,世界人口增长了5倍多,其中世界城市人口增长了56倍;至2000年,世界城市人口比重达到47%(图9-5)。

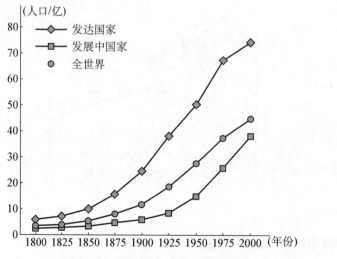

图9-5 世界城市化水平的提高

从世界各国城市化进程来看,城市化水平随时间的变化大体呈现为一条稍被拉平的"S"型曲线(图9-6)。尽管目前世界各国的城市化水平高低不一,但它们都处于城市化进程的某一阶段。发达国家大多进入了城市化的后期成熟阶段,发展中国家则大部分处于初期阶段和中期加速阶段。

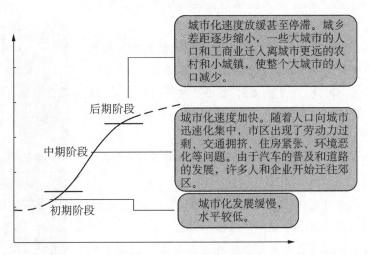

图9-6 城市化进程示意图

知识拓展

案例1:

英国的城市化进程时间

英国是世界上最早开始近代城市化的国家。在工业革命的推动下,19世纪英国的城市化进程很快,一大批工业城市如曼彻斯特、伯明翰等迅速成长起来。从1801—1851年的半个世纪里,全国城镇人口比例由26%提高到45%。

进入20世纪,英国开始出现"郊区城市化"现象。一些原先位于伦敦城周围的小城镇逐渐被伦敦所"吞并",成为大伦敦的一部分。随着郊区城市化的发展,从伦敦经伯明翰到曼彻斯特、利物浦一带的城市规模都在迅速扩大,而且相互越来越接近,城市与城市间的界线日趋模糊,形成连成一片的城市带。

20世纪后半叶,大伦敦的城市人口出现减少的趋势,其他的大城市也出现了同样的现象,这种与城市化过程相反的现象被称为"逆城市化"。伴随着这一过程,这些大城市的市中心出现了失业率增高、空旧房增多、犯罪率升高、市中心空洞化等现象。

面对城市人口的减少,英国的大城市开始积极开发市中心衰落区,改变产业结构,发展高科技产业和第三产业,以吸引年轻的专业人员回城居住。大伦敦的人口在经历了连续30多年的下降之后,于1985年开始微弱增长,出现了所谓的"再城市化"现象。

案例2:

非洲国家的城市化进程

20世纪60—80年代,非洲国家城市化进程驶入快车道,主要表现出两个显著的特点:第一,速度快。非洲是世界城市化速度较快的大洲。城市化的速度远远高于人口的增长速度。例如,20世纪60—80年代,人口自然增长率不超过3%,而城市人口增长率始终保持在5%左右。第二,人口高度集中在首都或少数重要的工商业城市。例如,20世纪80年代中期,坦桑尼亚首都达累斯萨拉姆人口已占全国人口的40%,塞拉利昂首都弗里敦的人口更占全国人口的82.8%。

非洲城市人口的高度膨胀导致失业率居高不下。20 世纪 70—80 年代,非洲国家城市失业或就业不足的劳动力已占劳动力总数的 30% 以上。此外,城市基础设施严重滞后。例如,埃及开罗的供水系统仅能提供 200 万人的用水,而该市居民却高达 1000 万人(1980 年)。

非洲的城市化不是由工业化所推动的,而是由大量失去土地的乡村移民和人口高度失业所造成的,是典型的超前城市化,或者可以称之为虚假城市化。因此,在这些臃肿"虚胖"的超级城市里,逐渐形成了一种特殊的地理空间景观——贫民窟包围着城市(图 9-8),并不断蔓延。

比较案例 1、案例 2 中的两种不同类型国家的城市化过程,回答下列问题:

1. 伦敦城市化的发展可以从哪些方面得到体现?
2. 你认为非洲的城市发展合理吗?说出你的理由。
3. 看图 9-7,列表比较发达国家和发展中国家城市化的差别(提示:可从城市化的起步时间、目前的城市化水平、发展速度等方面进行比较)。想想产生这些差别的主要原因是什么?

图 9-7 位于肯尼亚首都内罗毕的基贝拉贫民窟

二、城市问题

城市规模的无限制扩大,城市人口的迅猛增长,给经济发展和社会生活带来一系列问题,如环境污染、用水紧张、交通拥挤、住房困难、失业人口增多、社会秩序混乱等,导致城市环境质量日益下降。

(一)城市环境污染

环境污染是城市最突出的问题。城市是地球上人口最密集的地区,是人类对环境影响最深刻、最集中的区域,因而也是环境污染最严重的区域。城市环境污染主要有大气污染、水污染、固体废弃物污染、噪声污染等。

买了新车添了"堵"

图 9-8 城市交通拥挤

(二)城市交通拥挤

城市人口的迅速增长和汽车的增多,使城市交通拥挤,交通事故发生频率高,交通问题十分突出。在许多大城市中,由于道路条件的改善跟不上车辆的增长,经常出现交通阻塞现象。交通阻塞不仅导致时间和能源的严重浪费,也使得汽车尾气的排放量增加,降低城市的环境质量。据有关统计资料,作为中国"首堵"的北京,交通拥堵时间已经从 2008 年的每天平均 3.5 小时增加到 2010 年的 5 小时,汽车平均时速仅为 15 千米。北京市民每天吸入的废气相当于抽 21 支香烟(图 9-8)。

(三)城市住房紧张

随着城市人口的急剧膨胀,城市地价房租高涨,城市住房拥挤现象非常普遍。世界上很多大城市都分布着贫民窟或棚户区,尤以发展中国家的大城市最为明显。

此外,城市化过程还会带来其他的社会问题。如乡村人口的大量迁入加重了城市的就业负担,进而产生贫困问题、社会治安问题、农村的衰败及文化多样性的缺失等问题。

知识拓展

讨论1：城市语录一：城市在创造人类消费奇迹的同时，也在制造着一个与城市一般大小的垃圾场。

城市语录二：城市把自然关在城外，然后再用电视、照片和网络等传媒加工过后的自然告诉孩子们，这就是自然。

以上两条城市语录说得对吗？你心目中的城市是怎样的？

讨论2：读图9-9，漫画中反映的城市环境污染有哪些？除了漫画中所反映的，你知道城市里还存在哪些环境污染？搜集资料，分析这些城市环境污染的来源和危害。

图9-9 时髦商品

三、保护和改善城市环境

（一）进行合理规划

从各国城市化发展的历史来看，城市环境质量会随着城市人口的增加和城市规模的扩大而下降，所以，城市在发展过程中必须遵循可持续发展的规律，进行合理规划。

从整个国家或地区来看，应因地制宜地对城市的整体发展进行长期的规划。既要规划好不同级别城市的规模、职能，又要考虑区域发展的平衡，避免人口和工业过多地向发达地区集中。例如，为了促进我国城市化的进一步发展，同时努力避免出现"城市病"。进入21世纪以来，我国城市发展的战略调整为"促进大中小城市和小城镇协调发展"、"有重点地发展小城镇"，并于1999年开始实施"西部大开发"战略。

从城市自身来看，应从社会、经济、文化、环境等多方面综合考虑，对城市的发展进行合理规划。例如，在城市建设中，对城市进行功能分区，妥善安排居住用地、工业用地、交通运输等用地的相对位置，以促使其加快污染物的自净；对工业企业合理布局，适当分散污染源。

（二）加强城市管理

为了保护城市环境，许多国家都制定了有关的法律和法规，加强城市管理，改善人居生态环境。例如，对工业"三废"的排放进行严格管理，提高对"三废"的综合利用率。

为改善城市交通拥挤状况，建设立交桥、高架桥（图9-10）、环城路，发展轨道交通等，还对车辆运行进行严格的规定。加强城市住房建设与管理，以解决住房困难问题，如我国近年来积极为中低收入群体建设保障房和廉租房等。

越来越严重的拥堵，是中国快速走向城市化所面临的空间冲突、资源短缺和环境污染等一系列问题的缩影。在拥有近500万辆汽车的北京，交通拥堵已司空见惯，成为全国的"首堵"。不只是北京，上海、广州、武汉、西安、长沙等城市也深陷"堵城"困局。

（1）客观原因。北京市中心区轨道交通线网总长度和密度远远低于伦敦、巴黎、纽约、东京等国际大都市。更重要的是，北京人均道路面积相当低，截至2008年北京市人均道路面积只有6.2平方米，而几个

图9-10 高架桥

国际大城市都达到了 10.7 平方米甚至 28 平方米。

（2）主观原因。城市规划的预见性不足，城市产业布局失衡，埋下交通拥堵的"隐患"，而当实际的拥堵问题出现后，再去对已有规划进行改良，结果只能是"事倍功半"。

交通问题不仅是交通规划问题，更是城市总体规划布局的问题，在城市重要资源布局之初，必须经过严格的交通环境评价，以确保其设置的科学性。

知识拓展

结合自己所居住城市的实际状况，想一想还可以提出哪些有效方法来解决城市的交通拥挤问题？

（三）扩大绿地面积，建设生态城市

为了促使城市人工环境与自然环境的协调统一，保护自然环境并不断开拓城市自然景观，人们在城市化中引入了生态的概念，提出了建设和发展生态城市的目标。一方面在城市建设中，要发展低污染的节能建筑和绿色交通，减少城市各类活动对环境的污染；另一方面要使城市景观尽可能地与山、河、湖、海、植被等自然景观保持协调，建立一种良性循环。

在生态城市建设中，加强城市绿化尤其重要。绿地面积的多少已成为衡量城市环境质量的一个重要标志。许多国家的城市都在努力建设林阴大道、草坪广场，使其成为花园城市。有的城市还在主要工业区周围建立防护林带，在新建建筑物或城区改建时留出一定的空地或绿化地。

城市是人类社会生产力发展的必然产物。城市的区位受到各种自然地理因素和社会经济因素的影响。随着时代的发展，影响城市区位的主要因素也会不断变化。

随着社会经济的发展，世界各国相继走上了各具特色的城市化道路。人们在享受城市化带来好处的同时，也感受到了城市环境带来的问题。保护和改善城市环境，这是世界各国面临的共同任务。

知识拓展

1. 阅读材料

合肥市环城公园（图 9-11）是一个优秀的城市绿地系统。它宛如一条丝带，连接着城区内逍遥津、包河、银河、西山及杏花等几个块状绿地，初步形成一系列具有园林风貌和综合游览功能的开敞式公园。这种开敞式布局打破了一般公园被禁锢的常规，很好地发挥了地势起伏、水面开阔等优势。环城公园全面铺开的绿色带带来了显著的生态效益。环城绿带一年可滞尘 1400—2800 吨，每天吸收二氧化碳及有害气体 20 吨，产生氧气 30 吨，又由于绿地布置依山就势，夏季能将东南风引入市区，利于形成更舒适的环境。

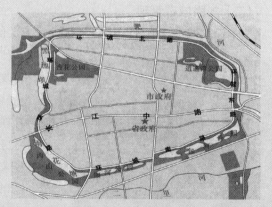

图 9-11　环城公园

2. 问答

（1）调查你身边的城市在自然环境和社会环境方面存在哪些问题，并提出你的解决方案。

（2）结合本章所学内容，以"我身边的城市"为主题创作儿童故事、儿歌或儿童画等，题目可自拟。

(四) 屋顶绿化

屋顶绿化又称为"空中花园"、"屋顶花园"或"空中绿洲",就是在屋顶、露台、天台或阳台上选择性地育花种木、铺植绿草、建造园林景观。最早的屋顶花园应该是古巴比伦时代有"空中花园"美称的巴比伦塔。在日益拥挤的城市里,屋顶绿化建设是提高城市绿化率、改善城市生态环境的重要途径。

屋顶绿化对城市环境的益处在于:

(1) 可以改善城市气候,减轻热岛效应,防止过度干燥。植物通过蒸腾水分,可以降低周围环境大气温度,同时可以增加湿度。联合国环境署的一项研究表明,如果一个城市的屋顶绿化率达到70%以上,热岛效应就会消失。

(2) 可以净化城市大气。屋顶花园可以帮助过滤灰尘和烟雾颗粒,从大气和雨水中吸收危害性物质。同时,绿色植物通过光合作用还可以吸收CO_2,减轻温室效应。据估算,如果将整个城市的屋顶都利用起来进行绿化,那么这个城市中的CO_2会降低85%。

(3) 可以提高城市的自然程度。有了花儿、草儿、树儿,自然就会吸引虫儿、鸟儿来此栖息,布满屋顶花园的城市就是在都市里建立了适合小动物生存的大自然。另外,利用城市屋顶还可种植瓜果蔬菜,形成城市菜园、果园,因而人们形象地把屋顶绿化称为"都市里的梯田"。

此外,屋顶绿化还能起到降低城市噪声、缓解视觉疲劳、为城市居民提供休闲场所等作用。

既然屋顶绿化对改善城市生态环境有这么大的作用,为什么我们今天才开始提倡它呢?这主要是因为过去的技术难以解决屋顶承重、防水和植物根系对建筑物的破坏等问题,而近年来,如人造轻质培养土、防水布及喷塑防渗漏技术等现代高科技的突破和发展,才使它的普及成为可能。

第四节 我国的城镇化道路

城镇化发展并没有一成不变的固定模式。探究国外城镇化发展过程,目的是总结经验、吸取教训,按照中国的国情和时代发展的要求,积极引导我国城镇化的健康发展。机械照搬"一般规律"、盲目套用其他国家的经验,甚至强制推行某种模式,都不符合中国的国情。2009年中央经济工作会议在部署下一年经济工作的主要任务时提出,要积极稳妥地推进城镇化,提升城镇发展的质量和水平。要坚持走中国特色城镇化道路,促进大中小城市和小城镇协调发展,着力提高城镇综合承载能力,发挥好城市对农村的辐射带动作用,壮大县域经济。具体到城镇化的发展模式上,中国特色城镇化道路的内涵应该包括五个方面的内容:

一、中国特色城镇化道路是社会和谐发展的城镇化道路

社会和谐是中国特色城镇化的基本要求。推进社会和谐发展的城镇化道路,就是要尊重城乡居民在城镇化中的主体地位,协调城市不同群体之间的利益关系,保障人民各项权益,使包括进城农民、失地农民和低收入市民等各类社会群体均享受到城市发展的成果;就是要在城市建设和经济发展的基础上,更加注重社会建设,着力保障和改善民生,逐步建立完善的社会保障体系,使全体居民在就业、教育、医疗、养老、住房、最低生活保障等方面享有平等的权利;就是要在推进城镇化过程中,创造公平、公正的社会环境,把进城农民作为城市的平等市民,在城市规划、建设和管理中要认真考虑他们的社会需求,并积极引导他们适应城市社会,改变原有的意识、行为方式和生活方式,实现进城农民的市民化。

二、中国特色城镇化道路是保护资源环境、集约发展的城镇化道路

推进集约型的城镇化,是促进城镇化健康发展的必然选择和重要内容。在城镇化过程中,坚持科学发展观,按照建设资源节约型、环境友好型社会的要求,把城镇发展与资源合理利用、环境保护有机协调起来,以体

制、机制和科技创新为基础,综合运用经济、法律、行政等各种手段,节约集约利用资源,提高资源利用效率,加大环境治理力度,强化对资源环境的保护,推动城镇发展从以外延扩张为主的粗放型向以内涵增长为主的集约型转变;做到高效利用和节约资源,保护生态环境,建设节地、节水、节能和环境友好的集约型城镇,以尽可能少的资源能源消耗和尽可能小的环境代价,获得最大的经济和社会效益,提高城镇综合承载能力;要按照循序渐进、节约土地、集约发展、合理布局的原则,重视城镇建设的质量和功能,引导城镇从实际出发,量力而行,提高城镇化的质量和效益,实现城镇化的健康发展。

三、中国特色城镇化道路是大中小城市和小城镇协调发展的城镇化道路

促进大中小城市和小城镇的协调发展,形成合理的城镇体系,是区域城镇化和经济发展规律的内在要求。从区域空间结构演变的理论来看,在城镇化初期,区域城市的发展主要表现为城镇数量的增长;在城镇化的前期,大城市对周边中小城市的辐射带动效应逐渐增强;在城镇化中后期,区域内城市群体逐步形成壮大,城镇体系不断完善。大中小城市和小城镇协调发展的模式不是城镇化发展的规模模式,而是城镇化发展的区域模式,是适应我国城镇化发展阶段的集中型城镇化与分散型城镇化的结合。促进大中小城市和小城镇协调发展,要充分发挥大中小城市和小城镇的各自比较优势,引导各类城市根据自身特点,合理定位城市功能,促进城市间的分工协作。发挥城市间互补的综合优势,充分发挥大城市的辐射扩散作用,以大带小,既克服大城市发展中的局限性,使大城市获得更广阔的发展空间和基础支撑,又使中小城市获得集聚和增长的动力。

四、中国特色城镇化道路是市场推动与政府引导下的城镇化道路

加快完善社会主义市场经济体制,是推进城镇化健康发展的制度前提。在城镇化过程中,必须尊重市场经济规律,纠正人为主观因素所造成的偏差,既要避免人为设置资源要素合理流动的阻碍,又要防止脱离经济发展实际,仅凭个人意志"拔苗助长"式的城镇化建设。尊重市场选择、运用市场机制是防止城镇化进程出现偏差最有效的手段。当然,市场不是万能的,城镇化需要市场主导、政府引导。因此,城镇化的进程管理应以市场为基础,发挥市场机制的资源配置作用;城镇化的质量管理则需要发挥政府的政策调节和公共服务职能。由于市场的内在缺陷,政府必须在区域与城市规划制定、基础设施建设、公共服务提供、环境保护和社会保障等方面发挥不可替代的作用。通过政府适当有效的宏观调控,用规划、财税、行政等手段来弥补市场机制的不足,促进城镇化的健康发展。

五、中国特色城镇化道路是城乡统筹发展的城镇化道路

推进城乡统筹的城镇化,是中国特色城镇化道路的必然选择,是促进城镇化健康发展的重要措施,也是从根本上解决"三农"问题的迫切要求。推进城乡统筹的城镇化,是以城乡协调发展为目标,彻底破除城乡分割的二元体制,把"三农"发展与城市发展结合起来,建立起地位平等、开放互通、互补互促、共同进步的城乡经济社会发展新格局,从而实现城乡互动、城乡交融、城乡一体的城镇化道路。

推进城乡统筹的城镇化,重在创造平等统一的新型城乡关系,营造城乡互动发展的制度环境。通过建立新型城乡关系,改变城乡分割、相互脱节的发展模式,使城镇化成为城乡之间互相吸收发展要素、相互融合、共同发展的过程,实现城乡双向、互动的发展。在城镇化过程中,要按照统筹城乡发展的原则,改变城乡分割的体制、城乡分治的做法和重城轻乡的倾向,通过改革城乡体制,把城市和乡村纳入统一的经济社会发展大系统。调整城乡结构,既要发挥城镇化对城乡发展的带动作用,又要加大对农业、农民、农村发展的支持力度,以城带乡、以乡促城、城乡互动,实现城乡经济社会的协调发展。总之,当前我国正处于全面建设小康社会的阶段,现代化建设、工业化的推进、经济结构的优化、二元经济结构的根本转变、"三农"问题的解决、扩大内需、增加就业、市场经济的发展、跟上世界知识经济发展的步伐、全面推进社会可持续发展,都要求加快我国城镇化的步伐,并根据这些具体国情改变我国城镇化滞后的局面。

讨论题

结合自己所居住的城市的实际状况,想一想还可以提出哪些有效的方法来解决城市的交通拥挤问题?

活动题

收集资料,了解你所感兴趣的一座城市的发展历史。

第十章

旅 游 活 动

旅游活动的内容十分丰富,有以游览名胜为主的观光旅游;有工作之余放松身心的度假旅游;有以各种游乐园为主的娱乐旅游;有以参加宗教、文化活动为主的宗教、文化旅游;有以运动、疗养为主的健身旅游;以及以探险、考察为主的其他特色旅游等。

旅游活动不仅有益于旅游者的身心健康,还可促进各国、各地区人民之间的友好往来,增进彼此的了解和友谊。显然,这对于丰富人们生活,促进人类文化发展,维护世界和平都是十分有益的。

第一节 旅游和旅游业

一、旅游

(一) 旅游概念

旅游是人们为了休闲、娱乐、探亲访友或者商务目的而进行的非定居性旅行和在游览过程中所发生的一切关系和现象的总和。这些人不会永久居留,并且主要不从事赚钱的活动。

旅游的先驱是商人,最早旅游的人是海上民族腓尼基人。

旅行作为一种社会行为,古代即已存在。中国是世界文明古国之一,旅行活动的兴起同样居世界前列,中国早在公元前22世纪就有了。当时最典型的旅行家大概要数大禹了,他为了疏浚九江十八河,游览了大好河山。之后,就是春秋战国时的老子、孔子二人了。老子传道,骑青牛西去。孔子讲学周游列国。汉时张骞出使西域,远至波斯,今伊朗和叙利亚。唐时玄奘取经到印度。明时郑和七下西洋,远至东非海岸。还有大旅行家徐霞客作了游记。

(二) 旅游分类

1. 按地理范围分类

按旅游者到达目的地的地理范围划分,旅游活动可以分为国际旅游和国内旅游。

(1) 国际旅游是指跨越国界的旅游活动,分为入境旅游和出境旅游。入境旅游是指他国公民到该国进行的旅游活动,出境旅游是指该国公民到他国的旅游活动。

(2) 国内旅游是指人民在居住国内进行的旅游活动,包括该国公民在国内的旅游活动,也指在一国长期居住、工作的外国人在该国内进行的旅游活动。从旅游发展的历程看,国内旅游是一国旅游业发展的基础,国际旅游是国内旅游的延伸和发展。

2. 按旅游性质和目的分类

按旅游性质和人们出游的目的划分,旅游活动可分为六大类。

(1) 休闲,娱乐,度假类。属于这一类旅游活动的有观光旅游,度假旅游,娱乐旅游等。

(2) 探亲,访友类。这是一种以探亲、访友为主要目的的旅游活动。

(3) 商务,专业访问类。属于这一类的旅游活动有商务旅游,公务旅游,会议旅游,修学旅游,考察旅游、专项旅游等,也可将奖励旅游归入这一类,因为奖励旅游与游客个人职业及所在单位的经济活动存在紧密关系。

(4) 健康医疗类。主要是指体育旅游,保健旅游,生态旅游等。

(5) 宗教朝圣类主要是指宗教界人士进行的以朝圣、传经布道为主要目的的旅游活动。

(6) 其他类。上述五类没有包括的其他旅游活动,例如探险旅游等。

3. 按人数分类

按参加一次旅游活动的人数划分,旅游活动可分为团队旅游和散客旅游。

(1) 团队旅游是指有旅行社或旅游中介机构将购买同一旅游路线或旅游项目的10名以上(含10名)游客组成旅游团队进行集体活动的旅游形式。团队旅游一般以包价形式出现,具有方便、舒适、相对安全、价格便宜等特点,但游客的自由度小。

(2) 散客旅游是由旅行社为游客提供一项或多项旅游服务,特点是预定期短,规模小,要求多,变化大,自由度高,但费用较高。

(3) 自助旅游是指人们不经过旅行社,完全由自己安排旅游行程,按个人意愿进行活动的旅游形式,例如背包旅游,特点是自由,灵活,丰俭由人。很多人认为自助旅游是一种省钱的旅游方式,旅游内容粗糙,可能会有很多危险,旅馆没有预定会有不安全的感觉,这是一种错误的认识。其实,如果深入了解自助旅游特性,会发现自助旅游是一种相当精致有特色的旅游形态。自助旅游使所有的花费都可依自己的喜好来支配,行程可弹性调整,又可深入了解当地民情风俗。自助旅游绝非玩得多、花得少的旅游方式,而是一种在同一地方花上较多的时间深入了解该地的特色,接触当地的人与事,看自己想看的东西,走自己想走的路。

(4) 互助旅游是网络催生的一种旅游模式,以自主、平等、互助为指导思想的一种交友旅游活动,是经济旅行(没有中间商)。通俗地说,互助游就是交朋友去旅游,使网络上的人脉关系走向现实世界,强调旅行不该只是"我路过",而应该是"我体验"。互助旅游将成为当今人们主选的旅游模式之一,也是科技时代带给人们的现代社交观念与快乐生活的方式。

二、旅游业

(一) 旅游业及其业务

旅游业,又称无烟工业、无形贸易。国际上称为旅游产业,是凭借旅游资源和设施,专门或者主要从事招徕、接待游客,为其提供交通、游览、住宿、餐饮、购物、文娱等六个环节的综合性行业。狭义的旅游业,在中国主要指旅行社、旅游饭店、旅游车船公司以及专门从事旅游商品买卖的旅游商业等行业。广义的旅游业,除专门从事旅游业务的部门以外,还包括与旅游相关的各行各业。旅行游览活动作为一种新型的高级的社会消费形式,往往是把物质生活消费和文化生活消费有机地结合起来的。

旅游业务要有三部分构成:旅游业、交通客运业和以饭店为代表的住宿业。他们是旅游业的三大支柱。

(二) 组成要素

旅游资源、旅游设施、旅游服务是旅游业赖以生存和发展的三大要素。

1. 旅游资源

旅游资源包括自然风光、历史古迹、革命遗址、建设成就、民族习俗等,是经营旅游业的吸引能力;

2. 旅游设施

旅游设施包括旅游交通设施、旅游住宿设施、旅游餐饮设施、旅游游乐设施等;

3. 旅游服务

旅游服务包括各种劳务和管理行为相结合,是经营旅游业的接待能力。

(三) 基本特征

由于旅游业主要通过劳动服务的劳务形式,向社会提供无形的效用,即特殊的使用价值,以满足旅游者进行旅行游览的消费需要。其行业的基本特征是非生产性的,所以又称无烟工业。旅游业从整体上看,它不是实现商品流通的经济部门,而是凭借旅游资源,利用旅游设施,提供食、住、行、游、娱、购的劳务活动,去满足旅游者旅行游览消费的需要,所以也称为无形贸易。旅游业是资金密集型和劳动密集型产业,具有依赖性、综合性、脆弱性、波动性、季节性、带动性及涉外性。

在新世纪新阶段,党中央、国务院把扩大内需、促进消费确立为促进国民经济发展的长期战略方针和基本立足点。旅游业是第三产业的重要组成部分,是世界上发展最快的新兴产业之一,被誉为"朝阳产业"。《国务院关于加快发展服务业的若干意见》提出,要围绕小康社会建设目标和消费结构转型升级的要求,大力发展旅游、文化、体育和休闲娱乐等面向民生的服务业。

随着我国全面建设小康社会不断推进,中国旅游业面临重大发展机遇:中国经济持续快速增长,必将对旅游需求增长发挥基础性的支撑作用;城乡居民收入将稳定增长,到 2020 年人均 GDP 将达 3500 美元左右甚至更多,这将进入世界旅游界公认的旅游业爆发性增长阶段;国家扩大内需的经济发展方略和加快推动服务业的发展,将为旅游业进一步发展创造新的机遇;中国对外开放的进一步扩大,将为我国旅游业在国际市场和世界舞台更好地发挥作用,创造更为有利的条件;中国政通人和,社会安定,将成为世界上最安全的旅游目的地之一;随着对现行休假制度的完善和带薪休假制度的落实,将形成巨大的国内旅游消费市场。尽管当前面临百年不遇的国际金融危机,但我们经济社会发展的战略机遇没有发生逆转,我国旅游业发展仍属于上升期。基于以上分析,中国旅游业将进入一个新的发展阶段,并呈现一系列鲜明的特征。

1. 市场持续增长

在保持国际旅游竞争力的同时,国内旅游、出境旅游将步入快速发展时期。中国旅游市场将从以入境旅游为主导、国内旅游为基础,发展到国内、入境、出境三大旅游市场共同发展。到 2015 年,我国入境过夜旅游者将达到 1 亿人次,国内旅游将达到 28 亿人次,人均出游 2 次,出境旅游将达到 1 亿人次,三大市场游客总量达 30 亿人次,中国将成为世界上第一大旅游接待国、第四大旅游客源国和世界上最大的国内旅游市场。

2. 对外开放加快

随着加入 WTO 过渡期的结束,旅游业将启动新一轮的对外开放,国内外旅游市场一体化进程将加快,与国际市场、国际规则、国际水平将进一步接轨。中国入境旅游、出境旅游的规模不断扩大,旅游业将进一步发挥提升国家软实力的作用,我国旅游业在世界旅游界的话语权将继续增强,国际地位和影响力不断提升,参与国际规则、标准的制定与应用的空间进一步扩大。

3. 多元化发展

随着我国经济的持续快速增长和人民生活水平的不断提高,在传统的观光旅游持续增长的同时,休闲度假旅游将快速发展。与现代生活方式紧密相关的旅游新业态将大量涌现。城乡居民出游的选择将更趋多样,旅游产品的供应将更加丰富和充裕。

4. 相关设施需求

旅游发展对基础设施和相关设施的需求将明显增长,对相关行业的依托和促进作用也更为明显。初步预测,到 2015 年,我国乘坐飞机的乘客将达到 4.5 亿人次左右,需要新增飞机约 1800 架、新增航班约 630 万架次;乘坐铁路的游客将达 25 亿人次左右,需新增客运车辆约 5 万辆;全国将新增私家车约 4000 万辆;将新增客运船舶约 1 万艘;将新增各类住宿设施约 20 万家。

5. 旅游效益显现

今后一段时期,旅游发展对全面建设小康社会的贡献将更为明显。到 2015 年,全国旅游业增加值可达 2 万亿元左右,约占 GDP 的 4.8%,约占服务业增加值的 11%,旅游业对 GDP 增长的贡献率可达 1 个百分点,对服务业增长的贡献率可达 2 个百分点,旅游业可以为经济发展发挥积极作用;到 2015 年,旅游就业总量将达 1 亿人左右,旅游业对社会就业增长的贡献率可达 2 个百分点,旅游业可以为社会就业发挥积极作用;到 2015 年,我国中西部地区的旅游收入将占全国旅游总收入的 50% 左右,农村地区的旅游收入将占全国旅游总收入的三分之一,旅游业可以为新农村建设和区域发展发挥积极作用;到 2015 年,中外旅游交流人数将达到 2 亿多人次,海峡两岸及香港、澳门旅游交流人数将超过1亿人次,旅游业可以为国家总体外交和对台港澳工作发挥积极作用;到2015年,中国公民出境旅游将达1亿人次,境外旅游花费可达1000亿美元以上,相当于减少我国国际贸易顺差1000亿美元,旅游业将发挥平衡国际贸易、缓解贸易摩擦的润滑剂作用。

6. 加快升级

旅游是提高生活质量、全面建设小康社会的必然要求,也是世界经济和社会发展的必然结果。旅游集中体现了人们对生活质量各个方面的要求,旅游消费成为持续性的需求,这就使旅游业具有比较强的持续发展能力和抵抗风险的能力。旅游发展不是简单地适应需求,而是满足现实需求、引发潜在需求和创造新的需求的综合体现。这是管理和服务水平不断提高的过程,也是综合效益不断显现的过程。随着工业化、城市化、信息化、国际化加快推进,旅游业发展的潜力巨大、前景广阔,仍将保持持续较快发展。

在新的发展阶段,我国旅游业处于发展的关键期,既有重要的发展机遇,又有严峻的挑战。我国旅游业已处在"市场转型期、矛盾凸显期、管理提升期",面临着优化产业结构、转变增长方式、提升发展质量和水平的艰巨任务,迫切需要由粗放型经营向集约化经营转变,由数量扩张向素质提升转变,由满足人们旅游的基本需求向提供高质量的旅游服务转变。为此,我国旅游业在今后一段时期要完成促进旅游产业体系建设,全面提升旅游产业素质,综合发挥旅游产业功能三大任务,达到建设世界旅游强国,培育新型重要产业的战略目标。

旅游业能够满足人们日益增长的物质和文化的需要。通过旅游使人们在体力上和精神上得到休息,改善健康情况,开阔眼界,增长知识,推动社会生产的发展。旅游业的发展以整个国民经济发展水平为基础并受其制约,同时又直接、间接地促进国民经济有关部门的发展,如推动商业、饮食服务业、旅馆业、民航、铁路、公路、邮电、日用轻工业、工艺美术业、园林等的发展,并促使这些部门不断改进和完善各种设施、增加服务项目,提高服务质量。随着社会的发展,旅游业日益显示它在国民经济中的重要地位。

第二节 我国的旅游资源和旅游分区

一、旅游资源

(一) 旅游资源的概念及主要内涵

旅游资源是旅游业发展的前提,是旅游业的基础。旅游资源主要包括自然风景旅游资源和人文景观旅游资源。自然风景旅游资源包括高山、峡谷、森林、火山、江河、湖泊、海滩、温泉、野生动植物、气候等,可归纳为地貌、水文、气候、生物四大类。人文景观旅游资源包括历史文化古迹、古建筑、民族风情、现代建设新成就、饮食、购物、文化艺术和体育娱乐等,可归纳为人文景物、文化传统、民情风俗、体育娱乐四大类。

旅游资源的主要内涵:旅游资源的本质属性——吸引功能;旅游资源的作用对象——旅游者;旅游资源的内容——自然和人文因素的总和;旅游资源可开发性——旅游价值和原材料。

(二) 旅游资源分类

1. 按基本成因和属性分类

对于旅游资源的类型,人们有多种划分方法,但根据各国普遍的做法,旅游资源大体上可分为三大类:一类是自然旅游资源,一类是人文旅游资源,还有一类是社会旅游资源。自然旅游资源:主要是天然赋存的具有游览观光、休息疗养、娱乐体育等吸引力的地理要素,这些要素或以单体和单体组合,或以某种要素为主辅以其它要素组合构成旅游资源。

地文景观类——山岳形胜、岩溶景观、风沙地貌、海滨沙滩、特殊的地质现象和地貌类型等。

水域风光——河流、湖泊、瀑布、泉水、溪涧、冰川、滨海等。

生物景观——森林、草原、珍稀树种、奇花异草、珍禽异兽。

气候与天象景观——适宜于避暑避寒疗养治病的气候及特殊的天象景观,如泰山日出、庐山云瀑、黄山云海以及虽可遇不可求但出现频率较多的峨嵋佛光、沙漠海市蜃楼、极地极光等。

人文旅游资源:是指能够吸引人们进行旅游活动的古今人类所创造的物质实体或以其为载体的神话传说、名人轶事等。

历史文物古迹——历史遗迹、建筑遗址、石窟石刻等。

民族文化及其载体——主要包括可视、可感、可参与的特殊民俗礼仪、习俗风情、节日庆典、民族艺术和工艺等。

宗教文化资源:主要包括两类,一类是参观游览型的宗教建筑艺术,如坛、庙、寺、观等带有人格神色彩的大型塑像,以及赋予其中的装饰、雕塑、壁画、楹联、碑刻等;另一类是这些宗教建筑和艺术本身营造的宗教活动场所,如各种宗教的神职人员布道求法,现代旅游者中也有大量专为求神拜佛而光顾宗教寺庙道观的。

城乡风貌:具有视觉形象的历史文化名城、独具特色的现代都市风光,具有清新质朴的田园风光、古镇村落等。

现代人造设施:富有特色、具有规模、某种特殊意义和影响力的大型工程及文化设施,有影响的国际性体育和文化事件。

饮食购物:包括各种富有特色的地方风味美食、特产名品、特色市场与著名店铺等。

2. 根据旅游活动内容而划分

游览鉴赏型:以优美的自然风光、著名古代建筑、遗址及园林、现代城镇景观、山水田园、以览胜祈福为目的的宗教寺庙等为主。

知识型:以文物古迹、博物展览、科学技术、自然奇观、精湛的文学艺术作品等为主。

体验型:以民风民俗、社会时尚、节庆活动、风味饮食、宗教仪式等为主。

康乐型:以文体活动、度假疗养、康复保健、人造乐园等为主。

- 以旅游活动的性质作为分类标准:

观赏型旅游资源,运动型旅游资源,休(疗)养型旅游资源,娱乐型旅游资源和特殊型旅游资源。

3. 其他不同分类标准

(1) 按传统旅游资源观分类,中国旅游资源包括自然景观资源、人文景观资源、民俗风情资源、传统饮食资源、文化资源和工艺品资源,以及都市和田园风光资源等。

(2) 按现代旅游产业资源观分类,中国旅游资源包括观光型旅游资源、度假型旅游资源、生态旅游资源和滑雪、登山、探险、狩猎等特种旅游资源,以及美食、修学、医疗保健等专项旅游资源。

(3) 魏向东版按照旅游资源基本属性划分为三类:自然旅游资源、人文旅游资源、社会旅游资源。

(4) 按照旅游资源质量和级别分类。

(三)旅游资源特性

1. 旅游资源的多样性

旅游资源多种多样,既有自然形成的,又有历史遗留下来的和当代新建的,它与旅游目的的多样性有着十分密切的联系。

2. 旅游资源的垄断性,即不可转移性

大家常常称旅游业为"无形贸易"、"风景出口",实际上就是凭借着这些千姿百态的自然和社会文化资源把旅游者从世界上每个角落吸引到旅游地来的。旅游资源不同于其它各种资源,它有极强的垄断性。正如世界建筑史上最伟大的奇观之一的万里长城,是在别的国家看不到的。正像许多游客讲的那样,"到了中国,没有去北京,等于没有去中国;到了北京,不去游长城,等于没有到北京。"

3. 旅游资源的季节性

除了会议、商务等形式的旅游以外,观光旅游受季节的制约最大。这特别表现在海滨城市,每到夏季,前来避暑的游客蜂拥而至,以至于出现了超饱和现象,吃、住、行、游、购、娱乐等都出现了问题,以至有人发出"花钱买罪受"的怨叹。而到了10月份至次年5月份,这些旅游胜地的游客就寥寥无几。因此,旅游的季节性造成旅游业的淡旺季。旺季越长,旅游业的收入就越大,反之亦然。

4. 旅游资源的民族性

我国历史悠久,幅员辽阔,民族众多。各民族地理位置、自然环境、历史背景、经济状况不同,所以他们的生活方式、服饰装束、风土人情、住宅建筑、风味小吃等等也不同,带有浓郁的民族色彩。如内蒙古草原的蒙古包,西南地区的竹楼,北方的四合院,以及傣族的泼水节,藏族的浴佛节,侗族的花炮节,彝族的火把节,壮族的歌圩等等。在这些盛大民族节日和盛会里,各族人民身着艳丽的服装,载歌载舞,兴高采烈,气氛非常热烈。这些盛会对来自世界各地的旅游者来讲,有着非常大的吸引力。

从以上几个特性来看,旅游资源犹如一面镜子,它以独特的方式反映一个国家的历史、文化、艺术、物质和文明水平。通过它们不仅可以看到昨天,还可以展望未来,增强民族的自信心和自豪感。

二、旅游分区

旅游规划的功能分区是旅游规划过程中的一项重要作用,它是根据规划区的资源禀赋、土地利用、旅游项目策划等状况对区域内空间进行系统划分,以确定次一级旅游区域的名称、发展主题、形象定位、旅游功能和突破方向的过程。

对于不同类型的规划,其功能分区的概念和要求并不完全一样。在区域旅游发展规划中对区域的划分一般称为旅游区划。旅游区划主要是根据区域内各部分发展的共同体、结构相似性和分布统一性把区域分成若干个旅游区,旅游区划的直接目的就是要确定各个旅游区的范围和界限,根本目的则是为了客观了解各个旅游区的不同性质和特征,揭示旅游区的内在规律,查明其区域的基本优势,为扬长避短在规划区内形成合理的旅游地域分工体系提供科学依据,旅游区规划往往是依据土地功能和发展密度进行分区,每个分区都赋予了一定功能,是较为典型的功能分区。

当前的旅游规划,大到一个国家或地域,小到一个景区,都需要按功能对空间进行系统划分,以便更好地协调各旅游区的功能。在规划区域内进行合理的功能分区,不仅可以实现对区域内旅游资源和土地资源的优化配置和合理布局,还可使旅游开发战略、资源保护与开发以及容量控制等规划理念具体化为空间框架,从而保证了旅游区的可持续发展。另外,旅游区内的功能分区不仅有利于下一步的规划,也有助于今后的管理,通过对旅游区合理的功能分区,可以方便管理者对游客的活动进行有效控制和分流,可以避免旅游活动对保护对象造成破坏,以保证核心保护区的资源与环境得到有效保护。

讨论题

如何保证旅游区的可持续发展?

活动题

调查家乡旅游资源的开发和保护情况。

第十一章

人类与地理的协调发展

地理环境是人类赖以生存和发展的基础,通常是指环绕人类社会的自然界,也就是自然环境,它包含地貌、气候、水、生物、土壤等五个要素。地理环境各要素对人类的生活和生产直接或间接地产生影响,它们是人类社会存在和发展的物质基础。另一方面,人类的活动也会影响地理环境,使地理环境发生相应的变化。

第一节 人地关系思想的演变

拿一块巧克力夹心饼干(巧克力在饼干表面),把饼干看做"陆地",把饼干上的巧克力当做"资源",然后把巧克力一个一个从饼干上挑出,观察在这个过程中饼干的变化。

思考:1. "资源"的开采对饼干产生了怎样的影响?
2. 如果你需要的"资源"总量超过了你在"陆地"上找到的资源,你会怎么办?

讨论:当人们在地球表面无节制开采资源时,将会面临哪些问题?

一、人地关系的内涵

人地关系是指人类活动与地理环境之间的相互关系。从图 11-1 看出,人类占据地理环境的一定空间,需要从地理环境中索取各种物质和能量,用于人类的生活和生产活动中;同时人类会将在生活和生产活动中产生的废弃物排放回地理环境中。在这个过程中,人类的活动影响着地理环境,同时地理环境也会把所受的影响反馈给人类社会。

图 11-1 人类和地理环境的关系

> **知识拓展**
>
> 1. 人类向地理环境的索取会对自然资源造成怎样影响?
> 2. 人类向地理环境排放废弃物是否会造成环境污染?为什么?
> 3. 尝试设计一个幼儿科学实验证明第二题的结论。

二、人地关系思想的主要观点和演变

人地关系是人类生存和发展的基本关系。人类对人地关系的认识经历了一个漫长的过程。从某种意义上说,人类生存繁衍的历史,就是人类社会和地理环境相互作用、共同发展、不断变化的历史。从人类在地球上出现至今,人类对人地关系的思考从未停止过。无论是东方文明还是西方文明,对人地关系的思考总是殊途同归。从其核心理念上,可以分成三种人地关系的思想。

(一) 地理环境决定论

地理环境决定论：认为人类的体质特征、心理特征、民族特性、文化发展、社会进程等都是受地理环境决定的，特别是气候条件的支配。这种观点在19世纪以前受到很大程度的认可，尤其是达尔文的进化论更进一步促使地理环境决定论在同时期人地关系思想的研究中取得了优势。

人类社会早期，生产力水平低下，对地理环境的认识存在很大的局限，使人类对待自然既依赖又恐惧，甚至在某些民族的发展过程中因此而形成了对某种自然物质或现象的图腾崇拜。而某些文明的消亡又证明了自然环境对当时人类社会的重要影响。

活动

1. 收集自然图腾崇拜的资料同大家交流，分析当时当地盛行这种图腾崇拜的原因。
2. 你觉得地理环境决定论对当时的人们会产生怎样的影响？

(二) 人定胜天论

人定胜天论认为人的力量是无比强大的，在人类社会发展过程中，可以利用自身的力量改变地理环境，最终达到征服自然的目的。

人类步入农业文明后，便开始大规模地开发利用和改造自然。特别是工业革命的到来，促使人类发现或发明了更多开发利用自然的方法，人类利用自然、改造自然的范围和程度进一步扩大。随着生产力的发展，人类思想中征服自然的意识逐渐占据了主导地位，人类进入到无节制地开发自然资源，以满足自身发展需要的时期。在大规模开发利用自然资源的基础上，许多国家的经济先后进入到快速发展期，一系列的环境问题也随之出现，并日趋严重。在这一时期，人地关系全面呈现不协调，人地矛盾迅速激化。

"云是沙井，绵历千古，沙不填之。"沙井是月牙泉的古名，千百年来，月牙泉的美景书写着永不干涸的神话（图11-2）。它的美丽不仅因为它是茫茫荒漠中的一眼蓝色，更是因为它特殊的地理位置使它成为敦煌地区水资源多少的一把标尺，是这片沙漠地区人们生存的依赖。然而，当人们无节制地利用敦煌地区可贵的水资源时，月牙泉的反应是迅速的，它的水量在急剧减少，水位在急剧下降，附近的沙枣树也因为水源枯竭、人为砍伐而死亡（图11-3）。沙漠在虎视眈眈地看着这一抹蓝色，似乎在人类的帮助下它最终会成为自己的一员。

图11-2 曾经美丽的月牙泉

图11-3 日益枯竭的月牙泉

(三) 人地和谐论

人地和谐论认为人类和地理环境之间是相互影响的关系，一方面人类在开发利用自然的时候应该遵循自然规律，另一方面对已经破坏的地理环境进行优化控制，以恢复地理环境原有的良性状态。

工业革命以来，人类无节制地开发自然资源，对地理环境造成了很大的破坏，随之产生了无以计数的环境污染和生态破坏事件。这些事件唤醒人们开始重新思考人类和地理环境之间的关系,逐步形成了谋求人地协调的"人地和谐论"观点。这种观点的核心是人类具有认识自然、改造自然的能力,地理环境对人类也具有反作用;人类应当与地理环境建立平等友好、互惠共生、和谐互进的关系。

人类发展历史上,水利工程的建设和使用一直占有重要的地位。在世界众多水利工程中,中国著名的水利工程——都江堰水利工程有着它特殊的地位(图11-4)。这个建于秦朝,由秦国蜀郡太守李冰及其儿子率众于公元前256年左右修建的水利工程,被誉为"世界水利文化的鼻祖",是全世界迄今为止,年代最久、唯一留存、以无坝引水为特征的生态水利工程。它的主体工程包括鱼嘴分水堤、飞沙堰溢洪道和宝瓶口进水口三个部分,每一处的设置都利用了自然形成的地势和水势,最终达到了分水、导流、减沙、灌溉的效果。时至今日,它仍然为成都平原人民的生活和生产发挥着重要的作用。

图11-4 都江堰水利工程

图11-5 三峡水电站

如今,中国另外一个水利工程同样备受世界瞩目,那就是三峡水电站(图11-5)。2009年,中国三峡水电站全面完工并投入使用,成为目前世界上规模最大的水电站。然而从三峡水电站筹建之日起,不同的声音就一直存在,移民问题、泥沙沉积问题、生态环境问题、历史遗迹问题等都伴随着三峡水电站的建设和投入使用被全世界关注。

上述三种人地关系思想一直贯穿于人类对人地关系逐步认识的整个过程,它们的形成和影响并没有完全被时间割裂开来,而是始终存在并演变着,只是因为不同生产力水平的制约,不同历史时期的人们对它们的认可程度不尽相同。人与自然和谐相处是社会经济发展到一定阶段的必由之路,是人类总结经验教训后的必然选择。

知识拓展

1. 查找都江堰的有关资料,理解都江堰水利工程的工作原理,并分析它在建成2000多年后仍旧可以很好使用的原因。想想它的建造思想更符合哪一种人地关系思想?

2. 依据以上案例,分析两处水利工程的异同,并从人地关系思想的角度谈谈你对这两处水利工程的看法。

3. 中国古代有很多关于人地关系思想的表述,说说下面的文字中分别表现了人类和地理环境怎样的关系?

"广古大川异质,民生其间者异俗"、"天时不如地利,地利不如人和"、"夫人不能以行感天,天亦不能随行应人"。

4. 制作一份关于人地关系思想演变的表格,包括观点、存在的大致时间、核心思想和人地关系等内容,并观察在人地关系思想演变过程中什么因素起到了决定性的作用。

第二节 全球性环境问题

一、什么是环境问题

环境问题一般是指在人类社会经济活动作用下,环境向不利于人类生存和发展的方向变化而导致的一系列问题。全球性的环境问题主要表现为环境污染和生态破坏。一般来说,发达国家由于高度发达的工业生产,使其面临的主要环境问题为环境污染,如大气污染、水体污染、土壤污染等;而发展中国家所面临的主要环境问题是生态破坏,如土地荒漠化、森林毁坏、草场退化等。环境污染和生态破坏之间并不是截然分开的,而是有着密切的关系,环境污染可能导致生态破坏,同时生态破坏也会加重环境污染的程度,并导致环境污染进一步地发展。

2010年4月20日晚10时左右,美国南部路易斯安娜州沿海一个石油钻井平台发生爆炸,致使大量原油泄漏至墨西哥湾海水中,十天后被石油覆盖的海面高达9900平方千米。这起原油泄漏事故严重影响着在墨西哥湾数百种鱼类、鸟类和其他生物的生存。满身沾满油污的鹈鹕在水中痛苦地挣扎着,浑浊的眼睛似乎在向自然哭诉人类的行为(图11-6)。

图11-6 挣扎的鹈鹕

工业革命以前,人类开发利用自然资源有限,因此环境污染或生态破坏发生和影响的范围较小。但工业革命以来,随着人类开发利用自然资源程度的逐步加深,环境问题日趋严重。当代的环境问题从范围来看,已经从区域性、小规模向全球性、大规模的方向发展。气候变暖、臭氧层空洞、酸雨、森林锐减、水体污染、土地荒漠化、生物多样性减少、垃圾污染等多种环境问题在全球越来越突出,越来越严重地影响着人类社会的生存和发展。

知识拓展

"黑色"多瑙河

2000年1月30日,多天持续不断的暴雨使罗马尼亚北部一个叫做乌鲁尔的金矿用于储存氰化物废水的水库水位猛涨,最后终于漫过堤坝,向下游冲去。10万公升毒液通过河道迅速流入附近的索莫什河,随后汇入匈牙利的蒂萨河。2月11日,剧毒物质随着蒂萨河的河水滚滚而下,进入前南斯拉夫境内,并在13日汇入多瑙河,污染范围随之进一步扩大,所经之处河水均被污染,其间水生生物和沿岸植物大量死亡。昔日欢畅的河水处处被死亡的气息所笼罩。罗马尼亚、匈牙利和前南斯拉夫三国经济损失惨重,并严重影响了沿岸人们的生产和生活。

联合国2000年3月16日发布的《世界水资源发展报告》中称,滋养着人类文明的河流在许多地方被掠夺式开发利用,加上工业活动造成的全球暖化,水资源已受到严重威胁——全球500条主要河流中至少有一半严重枯竭或被污染,生态系统遭到极大破坏。

罗马尼亚金矿氰化物污染事件只是全球水污染的一个集中体现,它所映射的水污染问题还将继续困扰着人类。

1. 查找资料,了解多瑙河水系的相关知识。
2. 分组讨论:环境问题还会进一步引发哪些突出的问题?

二、环境问题的实质

一个功能完整、良好的地理环境具备自身系统内的自净功能和再生循环功能。人类向自然索取物质和能量,或者向自然环境排放废弃物的同时,环境也会对人类的活动产生反应,即利用自身的功能弥补或修复人类带来的影响,以保证自身的良性循环。但当人类向环境索取资源的速度超过了地理环境的再生或循环的速度,或者当人类向自然环境排放废弃物的数量超过了自然环境本身的自净能力,那么自然环境的良好功能就会被破坏,从而产生环境问题。

环境问题是伴随着人口问题出现的,人类对环境问题的认识也是相对滞后的。在人类社会发展中,大部分国家以破坏环境为代价来追求经济增长,从而造成了"先污染后治理"的局面。

知识拓展

1. 模拟召开"联合国环境大会",选拔同学分别扮演主持人和不同国家的发言人,针对"环境问题谁应该负主要责任"展开讨论。

2. 讨论

(1) 在人类社会发展过程中,环境问题是必然产生的吗?

(2) 你认为发达国家和发展中国家通过哪些努力可以减轻环境问题?

(3) 有人说:"环境问题其实质就是发展问题。"你认为他这种说法正确吗?为什么?

第三节 协调人地关系——可持续发展实践

在1992年的世界环境与发展大会上,13岁的加拿大女孩塞文·苏左克发表了一次感动世界的讲演,她说:"我们没有什么神秘的使命,只是要为我们的未来抗争。你们应该知道,失去我们的未来,将意味着什么……请不要忘记你们为什么参加会议,你们在为谁做事。我们是你们的孩子,你们将要决定我们生活在一个什么样的世界里……"这是一个孩子对恣意挥霍自然资源的父辈们的请求和呼吁。

依据此案例,思考:我们当代人在生产和生活上是否应该有所节制,充分考虑后代人的利益呢?

一、可持续发展的概念和原则

20世纪60年代以来,人口激增、资源短缺、环境污染、生态破坏等问题日益突出,人类被迫重新审视自己的经济行为和社会行为,环境和发展的问题开始得到国际社会的普遍重视。人们逐渐认识到以牺牲环境为代价的片面追求经济发展,只能给地球和人类带来毁灭性的灾难。在这种认识的基础上,20世纪70年代开始,以联合国召开的一系列环境会议为契机,可持续发展的思想逐渐形成并得到发展。1987年,以挪威前首相布伦特兰夫人为首的世界环境与发展委员会在联合国文件《我们共同的未来》中正式提出了"可持续发展"的概念和模式。

按照世界环境和发展委员会给出的定义,可持续发展是指既能满足当代人的需要,又不对后代人满足其需要的能力构成危害的发展。它是一个包含经济、社会、技术和自然环境的综合概念,概括起来包括生态持续发展、经济持续发展和社会持续发展,三者相互联系、相互制约。可持续发展要求人们与自然和谐共处,能够认识到自己对自然、社会和子孙后代的责任;要求人们必须具有很高的道德水准,保护好人类生存和发展的资源和环境基础。

实现可持续发展,需要遵循三个基本原则。

1. 公平性原则

包括同代人之间、代际之间、人类与其他生物种群之间、不同国家与地区之间的公平。

2. 持续性原则

持续性是指生态系统受到某种干扰时能保持其生产率的能力。地球的承载力是有限的,人类的经济活动和社会发展必须保持在资源和环境的承载力之内。

3. 共同性原则

发展经济和保护环境是世界各国共同的任务,需要各国的积极参与。同时,地球是一个整体,地区性问题往往会转换为全球性问题。这就要求地区的决策和行动应该有助于实现全球整体的协调。

知识拓展

认真分析可持续发展三个方面的含义,思考可持续发展和环境保护的异同。

二、可持续发展思想的历程

1972年6月5日联合国在斯德哥尔摩召开了人类环境会议,正式讨论"可持续发展"的概念。

1980年3月联合国大会首次使用"可持续发展"概念。

1987年2月世界环境与发展委员会公布题为《我们共同的未来》的报告,明确提出"可持续发展"的定义和模式。

1992年6月在里约热内卢召开了"联合国环境与发展大会",会议通过了《21世纪议程》,阐述了可持续发展的具体实施标准,标志着可持续发展从理论层面走向实践层面。

1994年3月中国政府通过《中国21世纪议程——中国21世纪人口、环境与发展白皮书》,成为首个公布国家级可持续发展战略的国家。

1994年7月中国制定了"中国21世纪议程优先项目计划",用实际行动推进可持续发展战略的实施。

1995年9月中共十四届五中全会通过的《中共中央关于制定国民经济和社会发展"九五"计划和2010年远景目标的建议》,正式把可持续发展作为我国的重大发展战略提了出来。

1996年3月,"九五"计划和2010年远景目标纲要首次将可持续发展战略纳入国家规划。

1997年6月,中国向第19届环境与发展事务特别联大提交了《中华人民共和国可持续发展国家报告》(1997),中国积极实施可持续发展国家战略,受到国际社会的高度关注。

2001年3月,"十五"计划纲要将实施可持续发展战略置于重要地位,全面推进可持续发展战略。

2005年8月15日,习近平同志来到安吉余村考察,高度评价余村下定决心关闭矿区、全面走绿色发展之路的做法,并首次提出"绿水青山就是金山银山"的重要理念。

2015年9月,在美国纽约召开的联合国可持续发展首脑峰会通过了《改变我们的世界:2030年可持续发展议程》,制定了一套包含17个领域169个具体目标的可持续发展目标(SDGs)。由此,全球可持续治理掀开新的篇章,中国可持续发展也步入一个新时代。

2016年9月,国务院总理李克强在纽约联合国总部主持"可持续发展目标:共同努力改造我们的世界——中国主张"座谈会并发表重要讲话,再一次向国际社会表明中国落实2030年可持续发展议程的战略和决心。

2016年12月,国务院印发《中国落实2030年可持续发展议程创新示范区建设方案》。

2017年8月,中国启动国际发展知识中心并发布《中国落实2030年可持续发展议程进展报告》。

三、实践可持续发展的途径

要建立一个可持续发展的社会,首先要建立一个可持续发展的经济。如果没有高度可持续发展的经济,人类高度的物质文明和精神文明就失去了物质基础。循环经济是现今国际社会推进可持续发展的实践模式。它是一种"资源-产品-废弃物-再生资源"的反馈式循环过程,是以尽可能小的资源消耗和环境成本,获得尽可能大的经济效益和社会效益,从而使经济系统与自然生态系统的物质循环过程相互和谐的经济增长方式。

在生产过程中,循环经济要求遵循"3R"原则:资源利用的减量化(reduce)原则,即生产的投入环节,减少输入自然资源的总量;产品的再使用(reuse)原则,即尽可能延长产品的使用周期,并在多种场合使用;废弃物的再循环(recycle)原则,即最大限度地减少废弃物排放,力争做到排放的无害化,实现资源再循环。

工业是现代化经济的核心,也是社会发展不可缺少的动力。在工业经济结构调整中,实现循环经济的基本途径是清洁生产。清洁生产包含了两个清洁过程控制:生产全过程和产品周期全过程。对生产过程而言,清洁生产包括节约原材料和能源,淘汰有毒有害的原材料,并在全部排放物和废物离开生产过程以前,尽最大可能减少它们的排放量。对产品而言,清洁生产旨在减少产品整个生命周期过程中从原料的提取到产品的最终处置对人类和环境的不利影响。图11-7为酒精工业在清洁生产过程中的工艺流程图,仔细观察整个流程,分析它是如何实现循环经济中的三个原则的。

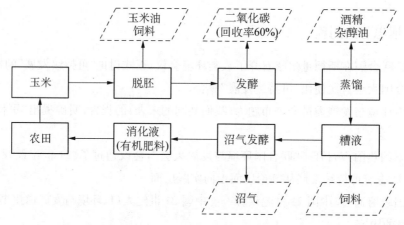

图 11-7 酒精工业在清洁生产过程中的工艺流程图

农业是人类最宏伟的事业,人类的衣、食、住、行都直接或间接地与农业生产有关。目前,发展持续农业已成为全人类的共同目标。在农业生产领域,农作物的种植和畜禽、水产的养殖通过先进技术实现循环产业链,推进生物资源的循环利用,凸显农业生态系统的整体功能,形成生态农业,以实现循环经济。这些循环产业链包括五个:一是种植-饲料-养殖产业链;二是养殖-废弃物-种植产业链;三是养殖-废弃物-养殖产业链;四是生态兼容型种植-养殖产业链;五是废弃物-能源产业链。在这个循环产业链中,充分促进了农业生产和生态环保之间的融合,优化了农业生态环境,真正实现了农业的可持续发展。

知识拓展

1. 阅读

1907年5月27日,一个普通的一天,没有谁会想到在美国宾夕法尼亚州匹兹堡市泉溪镇一间农舍里出生的一个小女孩将给这个世界带来不平凡的一笔。

小女孩叫蕾切尔·卡逊。受母亲的影响，她在成长过程中始终充满了对生命和自然的热爱。从约翰·霍普金斯大学获得动物学硕士学位后，她受雇于美国渔业局并为《巴尔的摩太阳报》撰写科学史方面的文章。儿时就已显露出的文学天赋使她喜欢用自己的方式来表现科学。她将一些政府机构的科学研究成果改写成抒情散文，这种科学作品很快被大众所接受和喜爱。《寂静的春天》就是她众多作品中的一本。

《寂静的春天》于1962年出版，该书在当年销售量达到近50万册。书中详细描述了滥用DDT等杀虫剂带来的严重环境危害，这些内容对当时农业科学家的科学实践活动和政府的政策是一个巨大的挑战。与此同时，她通过多种渠道号召人们改变对自然世界的看法和观点。由于她对公众和政府加强环境关注和保护的呼吁，最终促成了美国国家环境保护局的建立和"世界地球日"的设立。她也被人们公认为"现代环境保护之母"。

1964年4月14日，蕾切尔·卡逊与世长辞。但正如前美国副总统艾尔·戈尔在《寂静的春天》（中文版）的序言中写的那样："1964年的春天，蕾切尔·卡逊逝世后，一切都很清楚了，她的声音永远不会寂静，她惊醒的不但是我们国家，甚至是整个世界。《寂静的春天》的出版应该恰当地被看成现代环境保护的肇始。"

生态农庄近年来逐步成为中国现代农业的重要组成部分，它彻底颠覆了传统养殖场环境脏、乱、差，到处臭气熏天、污水横流的低效益生产方式。生态农庄以生态、环保、绿色为目标，在其内部充分利用生物资源，按照循环经济的理念进行生产。经过多年的循环生产，生态农庄往往会形成一个绿树浓阴、四季鸟语花香的度假村。

2．思考

我们在行动

自从我国发布《中国21世纪议程》以来，中国正在从各方面展开可持续发展的宣传和实践。图11－8为2006年在中国举行的"穿越长三角——绿色出行看世博"联合行动。参加这次活动的志愿者们经过18天的骑行，先后经过了长三角16个主要城市，于10月30日到达上海。一路上，志愿者们用真实的行动号召人们"少开一天车"，"零碳排放，绿色骑行"，向过路的人们宣传绿色生活、低碳生活的概念和意义，为中国正在进行的可持续发展实践活动"助力"。

图11－8　2006中国"穿越长三角——绿色出行看世博"联合行动

（1）为什么中国必须要走可持续发展道路？

（2）从我们自身考虑，我们平时的哪些行为符合可持续发展的要求？

（3）在现今社会我们可以为可持续发展做些什么？

四、"绿水青山就是金山银山"

"绿水青山"指的是环境、生态；"金山银山"则有两层含义，一是指生产力，二是指财富。"金山银山"是人的物质追求，"绿水青山"是人赖以生存的自然条件，这两者都是人生存和发展所需要的，而这两者对于人来说又很难兼得。

"绿水青山就是金山银山"破解了发展中人对物质利益的追求与人赖以生存的环境生态的关系这一难题，

以积极的态度诠释了这一难题背后所蕴含的人与自然的辩证关系,形成了新颖的、以积极的态度诠释人与自然关系的发展理念。

自工业革命以来,人类以牺牲"绿水青山"来实现自己的物质追求,曾经创造了前所未有的文明奇迹。但是,这种不可持续的经济增长方式造成了许多灾难性的后果,促使人们在对传统的增长方式和发展理论进行反思的同时,开始重新研究发展中人与自然的关系。这样,在我们面前就有了三个公式:一是"为了金山银山可以暂时牺牲绿水青山";二是"宁要绿水青山,不要金山银山";三是"绿水青山就是金山银山"。前两个公式,在"两座山"问题上都割裂了"绿水青山"和"金山银山"的关系,实际上都对"绿水青山"与生产力发展的关系持有悲观主义的态度。在我国,过去实行的是"先增长后治污"模式,实际上是采取了"为了金山银山可以暂时牺牲绿水青山"的做法;后来认识到这样做不仅不可持续,而且治污的代价要大于增长获得的收益,于是提出了"宁要绿水青山,不要金山银山"的口号,下决心改变"先增长后治污"的模式,优化环境,保护生态。虽然也讲"可持续发展",但实际上是把"可持续"与"发展"割裂开来,我们在悲观主义的增长极限论影响下,把增长与环境、生产与生态的关系完全对立了起来。"绿水青山就是金山银山"的公式,则以积极的态度阐明了发展中人与自然的辩证统一关系,表达的则是环境、生态应该是社会生产力内部的一个有机组成部分,把环境、生态纳入了社会生产力的范畴。

第一,"绿水青山就是金山银山",让环境、生态成为财富的源泉。

以保护"绿水青山"为基点实现经济发展方式转型,创建"绿水青山"型经济。现在各地正在发展的旅游经济、森林经济、果木经济、洁净水经济、农家乐等,都是这样的"绿水青山"型经济。

第二,以生态文明为目标推进科技创新和制度创新,普及绿色经济,推广低碳经济;以优化生态布局为保障推进新型城镇化建设,把建设美丽乡村和建设宜居城市结合起来,全面提高城乡人民群众的生活质量。

第三,以传播绿色理念为突破口,培育和践行社会主义核心价值观,全方位提高人的文明素质。

知识拓展

1. 安吉余村

2005年8月15日,习近平同志来到安吉余村考察,高度评价余村下定决心关闭矿区、全面走绿色发展之路的做法,并首次提出"绿水青山就是金山银山"的重要理念。十多年过去了,"绿水青山就是金山银山"的重要理念对余村生态文明建设产生广泛而深远的影响。目前,余村的荷花山景区、千年银杏树、葡萄采摘园、水上漂流、家庭民宿等生态产业声名远扬,已建成具有生态旅游区、美丽宜居区和田园观光区的国家3A级景区,并荣获全国生态文化村和浙江省首批全面小康建设示范村等称号。2017年,余村接待海内外游客约40万人次,美丽的环境成了村民的摇钱树,如今村里别墅林立,人均年收入达到3万多元。"绿水青山就是金山银山"发展理念,为安吉的发展开启了一扇新的大门。安吉经过多年的不断探索,以"美丽乡村"建设为绿色发展交上了一份令人满意的答卷,也为全国的美丽乡村建设提供了借鉴。

2. 塞罕坝

塞罕坝位于北京正北,承德境内,这片林海,曾经是距北京最近的沙源,北京、天津以及整个华北地区都曾经受到沙尘暴的严重威胁。在过去55年里,这里建起112万亩世界上面积最大的人工林场。每年释放氧气55万吨,可供近200万人呼吸一年,栽种的树木按一米株距排开,可以绕地球赤道12圈。20世纪50年代,北京年均沙尘天数为56.2天,如今已下降到10.1天。塞罕坝每年为京津地区输送净水1.37亿立方米。在华北地区降水量普遍减少的情况下,当地年降水量反而增加60多毫米,为辽河、滦河涵养水源、净化水质,这里还有陆生野生脊椎动物261种,昆虫660种,植物625种,大型真菌 179 种。事实证明，塞罕坝不仅取得了巨大的生态效益，也带来了显著的经济效益。塞罕坝每年提供的生态服务价值超过 120 亿元人民币。塞罕坝成为了货真价实的"金山银山"。

讨论题

认真分析可持续发展三个方面的含义，思考可持续发展和环境保护的异同。

活动题

收集自然图腾崇拜的资料同大家交流，分析当时当地盛行这种图腾崇拜的原因。

参考文献

[1] 刘海燕. 社会科学基础知识(第1版)[M]. 北京:高等教育出版社,2006.
[2] 刘海燕. 社会科学基础知识(第2版)[M]. 北京:高等教育出版社,2012.
[3] 曹小瑾,蒋寒松. 历史[M]. 北京:高等教育出版社,2012.
[4] 白钢. 中国政治制度史[M]. 天津:天津出版社,2007.
[5] 张创新. 中国政治制度史[M]. 北京:清华出版社,2009.
[6] 荣真. 中国政治制度史[M]. 北京:对外经济贸易大学出版社,2010.
[7] 陆海燕. 新社会运动与当代西方政治变革[M]. 武汉:武汉大学出版社,2011.
[8] 宁可. 中国经济发展史[M]. 北京:中国经济出版社,1999.
[9] 齐涛. 中国古代经济史[M]. 济南:山东大学出版社,2011.
[10] 张岂之. 中国思想文化史[M]. 北京:高等教育出版社,2006.
[11] 人民教育出版社课程教材研究所. 历史课程教材研究开发中心. 普通高中课程标准实验教科书《历史1(必修)》[M]. 北京:人民教育出版社. 2010.
[12] 人民教育出版社课程教材研究所. 历史课程教材研究开发中心. 普通高中课程标准实验教科书《历史2(必修)》[M]. 北京:人民教育出版社. 2010.
[13] 人民教育出版社课程教材研究所. 历史课程教材研究开发中心. 普通高中课程标准实验教科书《历史3(必修)》[M]. 北京:人民教育出版社. 2010.
[14] 王子彦. 环境伦理的理论与实践[M]. 北京:人民出版社,2007.
[15] 栾惠德,张晓峒. 中国人口时间序列的单位根检验:基于结构突变理论[J]. 经济学报,2006,2(8).
[16] 中华人民共和国国家人口和计划生育委员会. 世界人口增长带来的16种影响[OL]. chinapop. gov. cn/rklt/dcyj/200403/t20040326_135417. html
[17] 钟水映. 人口、资源与环境经济学[M]. 北京:科学出版社,2007.
[18] 范青. 浅析中国人口问题[J]. 中国商界,2010(6).
[19] 李培林. 改革和发展的"中国经验"[J]. 决策与信息. 2011(1).
[20] 张民生. 自然科学基础(第2版)[M]. 北京:高等教育出版社,2008.
[21] 人民教育出版社地理社会室. 中等师范学校教科书(试用本):地理全一册[M]. 北京:人民教育出版社. 2011.
[22] 课程教材研究所,地理课程教材研究开发中心. 普通高中课程标准实验教科书:地理(必修2)教师教学用书[M]. 北京:人民教育出版社,2007.
[23] 谢文蕙,邓卫. 城市经济学(第二版)[M]. 北京:清华大学出版社,2008.
[24] 林鸣. 城市语录[M]. 北京:中国青年出版社,2008.
[25] 江涌. 城市化的歧途还能走多远[J]. 世界知识,2011(4).
[26] 鲍宗豪. 中国可持续城市化面临八大挑战[J]. 红旗文稿,2011(2).
[27] 卢明存,屈齐赓. 社会(下)[M]. 郑州:郑州大学出版社,2008.
[28] Chris Ryan. 旅游目的地竞争力[M]. 谷慧敏,译. 天津:南开大学出版社,2010.
[29] 刘滨谊. 旅游开发中的景观保护对策——以新疆四地州旅游战略规划为例[J]. 华中建筑,2005,1(23).

[30] 王晴.旅游产业发展研究[D].保定:河北大学,2011.

[31] 张辉,厉新建.旅游经济学原理[M].北京:旅游教育出版社,2004.

[32] 马光.环境与可持续发展导论[M].北京:科学出版社,2006.

[33] 路甬祥.关于统筹人与自然的和谐发展[J].环境保护杂志,2005(3).

[34] 孙广来.资源与环保[M].呼和浩特:内蒙古人民出版社,2006.

[35] 刘培桐.环境学概论(第二版)[M].北京:高等教育出版社,1995.